16	3	2	13
5	10	11	8
9	6	7	12
4	15	14	1

Domingos Caldas Barbosa

A DOENÇA

Organização, apresentação e notas
Lúcia Helena Costigan e Fernando Morato

editora■34

EDITORA 34

Editora 34 Ltda.
Rua Hungria, 592 Jardim Europa CEP 01455-000
São Paulo - SP Brasil Tel/Fax (11) 3811-6777 www.editora34.com.br

Copyright © Editora 34 Ltda., 2018
Organização, apresentação e notas
© Lúcia Helena Costigan e Fernando Morato, 2018

A FOTOCÓPIA DE QUALQUER FOLHA DESTE LIVRO É ILEGAL E CONFIGURA UMA
APROPRIAÇÃO INDEVIDA DOS DIREITOS INTELECTUAIS E PATRIMONIAIS DO AUTOR.

Imagem da capa:
Frontispício da primeira edição de A Doença,
de Lereno Selinuntino (Domingos Caldas Barbosa), 1777,
Acervo da Biblioteca Nacional de Portugal

Capa, projeto gráfico e editoração eletrônica:
Bracher & Malta Produção Gráfica

Revisão:
Beatriz de Freitas Moreira

1ª Edição - 2018

CIP - Brasil. Catalogação-na-Fonte
(Sindicato Nacional dos Editores de Livros, RJ, Brasil)

	Barbosa, Domingos Caldas, 1740-1800
B724d	A Doença / Domingos Caldas Barbosa;
	organização, apresentação e notas de Lúcia Helena
	Costigan e Fernando Morato — São Paulo:
	Editora 34, 2018 (1ª Edição).
	112 p.
	ISBN 978-85-7326-702-0

1. Poesia brasileira - Século XVIII.
2. Selinuntino, Lereno. I. Costigan, Lúcia Helena.
II. Morato, Fernando. III. Título.

CDD - 869.1B

A DOENÇA

Nota introdutória.. 7

Apresentação... 15

A Doença.. 43
Canto I.. 45
Canto II... 61
Canto III.. 75
Canto IV... 91

Sinopse do poema 106
Sobre o autor 109
Sobre os organizadores... 111

A DOENÇA.
POEMA
OFFERECIDO A' GRATIDÃO
POR
LERENO SELINUNTINO
DA ARCADIA DE ROMA,
ALIAS
D. C. B.

LISBOA
NA REGIA OFFICINA TYPOGRAFICA.
ANNO MDCCLXXVII.

Com licença da Real Meza Censoria.

Frontispício do poema *A Doença*, de Domingos Caldas Barbosa (Lereno Selinuntino), publicado em 1777.

NOTA INTRODUTÓRIA

Lúcia Helena Costigan

A poesia de Domingos Caldas Barbosa (1740-1800) ainda é razoavelmente inacessível, tanto ao público leitor quanto ao estudioso. Apesar de recentemente sua figura histórica ter alcançado alguma visibilidade através da biografia escrita por José Ramos Tinhorão (2004), e dos estudos de Adriana Rennó (1999, 2001 e 2005), Luiza Sawaya (2011 e 2015) e de outros críticos que têm se dedicado à análise dos escritos de autoria deste importante poeta afro-brasileiro, sua obra ainda permanece desconhecida por muitos, assim como ausente das estantes das livrarias e também da maioria dos cursos de literatura brasileira oferecidos pelas universidades do país. Um exemplo claro da falta de atenção para com Caldas Barbosa e sua obra pode ser visto através do fato de que durante os meus quatro anos de estudos de graduação em Letras Modernas na Universidade Federal de Goiás não lemos sequer um poema da *Viola de Lereno*. Aparentemente a situação não mudou muito nos últimos anos.

Curiosamente, o meu primeiro contato com o poeta afro-brasileiro e sua obra somente ocorreu quando, no início de minha carreira acadêmica como professora de literatura e cultura dos países de língua portuguesa nos Estados Unidos, convidei o colega Heitor Martins, professor na Indiana University-Bloomington, para uma palestra no Department of Spanish and Portuguese da Ohio State University-Columbus. A apresentação centrou-se nos aspectos biográficos de Caldas

Barbosa e da atitude de respeito e amor pelo Brasil presente nos versos da obra *Viola de Lereno*. Desde então passei a interessar-me por conhecer mais a fundo a obra desse poeta afro-brasileiro do século XVIII. Além de incluir poemas de sua autoria nos cursos de literatura e de cultura brasileira que leciono na Ohio State University, em 2005 fui convidada a participar de um colóquio intitulado "21st Century Lusophone Studies", organizado pela colega Darlene J. Sadlier, da Indiana University. O colóquio reuniu colegas de vários países e universidades para homenagear Heitor Martins por sua brilhante carreira e suas contribuições no campo da literatura dos países de língua portuguesa. Apresentei no colóquio o texto "Afro-Brazilian Affirmation in the Eighteenth-Century Portuguese Court Society by Domingos Caldas Barbosa", que foi posteriormente publicado como um volume especial da revista acadêmica *Luso-Brazilian Literary Studies*.[1] Uma versão modificada do estudo foi publicada em 2007 em um número especial da *Research in African Literatures*.[2] Esses dois artigos serviram como ponto de partida para descobrir e obter algumas das obras raras e importantes escritas por Caldas Barbosa, mas que ainda permanecem ausentes das livrarias e dos programas de literatura luso-brasileira. Uma dessas obras raras que eu buscava obter era *A Doença*, um poema de cunho autobiográfico publicado por Caldas Barbosa no ano de 1777. Ainda que não totalmente desconhecido dos estudiosos, uma vez que o poema é mencionado por Rubens Borba de Morais em sua *Bibliografia brasileira do*

---

[1] Conferir pp. 116-22 do livro *Sudies in Honor of Heitor Martins*, Darlene J. Sadlier, Zak K. Montgomery e Renato Alvim (orgs.), *Luso-Brazilian Literary Studies*, vol. 3, Indiana University-Bloomington, 2006.

[2] Lúcia Helena Costigan, "Domingos Caldas Barbosa (1740-1800): A Precursor of Afro-Brazilian Affirmation", *Research in African Literatures*, vol. 38, nº 1, 2007, pp. 172-80.

período colonial (1969), as cópias são raras, uma vez que a impressão do século XVIII foi a única publicação individual da obra.

Quanto às outras poesias de Caldas Barbosa, salvo as aparições em antologias, a única obra que sistematicamente é publicada (e, consequentemente, objeto de apreciação) é a coleção de modinhas *Viola de Lereno*, mas mesmo esta não conhece edição nova desde 1980 (no volume publicado pela Civilização Brasileira). Este certamente é um fato a ser lamentado, visto que se trata de uma poesia de grande interesse, tanto artístico quanto histórico e cultural: Caldas Barbosa documenta de maneira muito viva as evoluções linguísticas do português brasileiro na segunda metade do século XVIII, mas também registra uma experiência social muito importante no desdobrar da cultura luso-brasileira, a saber, a integração cada vez maior de brasileiros, sobretudo mulatos, no universo português, onde eles viveram constantemente uma experiência ambígua, submetidos simultaneamente à aceitação e ao rechaço, tanto do ponto de vista pessoal quanto coletivo e cultural. O estudo das estratégias de sobrevivência e integração dessa enorme população ainda é um campo que oferece muito a conhecer.

Neste sentido, a leitura de *A Doença* é extremamente bem-vinda, mas não é tarefa trivial. O texto, como já foi dito, permaneceu inacessível por muitos anos, pois até o século XXI só conheceu a primeira edição, de 1777. Mesmo os estudiosos do século XIX que se dedicaram a Domingos Caldas Barbosa tiveram dificuldade de encontrá-lo. João Adolfo de Varnhagen, por exemplo, um de seus primeiros biógrafos, diz que apenas conseguiu encontrar uma cópia do poema depois de 1851, tendo que deixar certas informações biográficas de fora da primeira edição de seu *Florilégio da poesia brasileira*, publicado em 1850. Por isso, o esforço em trazê-lo à luz já é, por si só, algo recomendável.

Nota introdutória

Ainda assim, não se tratou de tarefa fácil porque, como sobreviveram poucas cópias dessa primeira edição, não consegui ter acesso imediato a ela. Isto só se tornou possível graças a uma bolsa de estudos que recebi do College of Arts and Sciences da Ohio State University e da Fundação Luso-Americana para o Desenvolvimento (FLAD) para realizar pesquisas em Portugal que resultaram na publicação do meu livro *Through Cracks in the Wall: Modern Inquisitions and Letrados New Christians in the Iberian Atlantic World* (2010). Foi durante o período que passei em Lisboa realizando pesquisas na Torre do Tombo e na Biblioteca Nacional que tive a sorte de encontrar na seção de obras raras da Biblioteca Nacional de Portugal uma cópia original do poema *A Doença*.

Ao retornar aos Estados Unidos e publicar o meu livro, voltei a minha atenção para a obra de Caldas Barbosa. Para isso incluí em um dos seminários de pós-graduação sobre literatura afro-brasileira o poema *A Doença*. Devido ao fato de até o momento não haver um estudo crítico que se debruçasse seriamente sobre o poema, sugeri ao grupo de estudantes empreender uma análise detalhada do texto, tendo como pano de fundo o contexto socio-histórico de Portugal e do Brasil na segunda metade do século XVIII. Dada a relevância da obra de Caldas Barbosa para os estudos afro-brasileiros e afro-americanos em geral, também chamei a atenção da classe para a necessidade de traduzir o poema ao inglês. Fernando Morato se dispôs a ajudar-me no projeto de contextualização histórica e cultural do poema, além da atualização e fixação de texto. A generosa e dedicada colaboração de Fernando foi imprescindível para o sucesso do projeto. Sua atuação foi marcante desde a apresentação até o final dos comentários críticos e explicações ao longo do poema. Miguel Alejandro Valerio se prontificou a ajudar-nos na tradução do poema ao inglês. Desde 2013 temos nos dedicado à tarefa de tornar o poema mais conhecido no mundo de língua portuguesa e também nos países de língua inglesa, apresentando resultados parciais de nossas pesquisas em congressos e simpósios.

Além da falta de edições e de estudos recentes sobre a obra de Domingos Caldas Barbosa, é provável que uma das dificuldades de acesso a seus escritos, e especialmente ao poema *A Doença*, se deva à distância entre os leitores do século XVIII e os do século XXI. As dificuldades se dão não apenas no plano da linguagem, que aqui se afasta do modelo popular das modinhas que o fizeram famoso, quanto nos protocolos de escrita e nas referências que são às vezes de equívoca interpretação. A mitologia clássica era "língua franca" para qualquer pessoa instruída do Setecentos, e sua menção era considerada elemento fundamental do discurso literário. Da mesma forma, o autor se vale constantemente de fórmulas poéticas familiares ao público leitor do século XVIII que hoje não são sempre imediatamente reconhecidas, e isso gera sutilezas de sentido, sobretudo quando mescla elementos que suscitem universos de conhecimento específicos. Um exemplo é a apresentação da personagem alegórica Doença:

> Então eu vi alçar-se espectro informe
> De hórrido aspecto e de uma voz enorme:
> Ornam poucos cabelos a cabeça
> E da mirrada testa lhe começa
> Na borbulhosa pele uma cor pálida,
> Uns encovados olhos, barba esquálida,
> Da carcomida boca respirando
> Um hálito pestífero e nefando

> (Canto I, vv. 203-210)

Esta é uma descrição que imediatamente traz à mente do leitor culto do século XVIII, devido a imagens e vocabulário, a figura do Gigante Adamastor, de *Os Lusíadas*, de Luís de Camões:

> Não acabava, quando uma figura
> Se nos mostra no ar, robusta e válida,
> De disforme e grandíssima estatura;
> O rosto carregado, a barba esquálida,
> Os olhos encovados, e a postura
> Medonha e má e a cor terrena e pálida;
> Cheios de terra e crespos os cabelos,
> A boca negra, os dentes amarelos.
>
> (*Os Lusíadas*, Canto V, estrofe 39)

Como este, inúmeros outros passos de *A Doença* contêm alusões intelectuais, referências eruditas e outros jogos de intertextualidade que são extremamente importantes, não apenas para a inteligência do texto em si quanto para a possibilidade de interpretação de significados mais profundos. Da mesma maneira, o autor lida com uma grande quantidade de informação histórica que nem sempre é imediatamente reconhecível. Como está fazendo neste poema um elogio à família de seus benfeitores, os Vasconcelos e Sousa, condes da Calheta e marqueses de Castelo Melhor, uma das famílias mais antigas e diretamente envolvidas nos episódios mais significativos da história portuguesa, as diversas vozes poéticas sistematicamente relembram fatos importantes ligados aos antepassados dos mecenas de Caldas Barbosa. Muitos desses fatos não são mais familiares ao leitor e, para criar um pouco mais de dificuldades, várias das figuras importantes da família tinham o mesmo nome. O contexto ajuda a fazer a diferenciação, por exemplo, entre Luís de Vasconcelos e Sousa (1636-1720), uma das figuras centrais no processo da restauração de Portugal após tornar-se independente da

Espanha em 1640, e Luís de Vasconcelos e Sousa (1742-1809), Vice-Rei do Brasil entre 1778 e 1790, mas o conhecimento da história portuguesa, suposto aos leitores do século XVIII, é fundamental para deslindar essas diferenças.

Por isto esta edição procura não apenas oferecer o poema de Caldas Barbosa ao leitor moderno, como também ajudá-lo nessas dificuldades. Uma quantidade considerável de notas, tanto filológicas e poéticas quanto históricas, procuram ajudar a tornar mais acessível este texto único. Algumas figuras ainda não foram identificadas devido ao gosto que o poeta tem por justapor os mais altos dignitários do reino a outras personagens que fazem parte de seu próprio cotidiano, como por exemplo o médico Martins, que faz a última cirurgia a que o Caldas é submetido — certamente esta é uma pessoa que existiu, embora não tenha ainda sido possível descobrir o rastro dela. Mesmo assim, uma quantidade enorme de referências obscuras foi aclarada.

A ortografia foi atualizada, assim como a pontuação, que no século XVIII seguia critérios bastante diferentes dos empregados nos dias de hoje. Mantiveram-se as maiúsculas, que sempre tiveram uma importância capital na criação de sentidos abstratos na poesia do neoclassicismo. Da mesma forma, quando uma passagem se faz mais obscura devido aos preciosismos sintáticos que ainda sobrevivem na sensibilidade do Setecentos luso-brasileiro, procuramos aclarar sua interpretação.

Foram ainda acrescentadas aspas para identificar as falas das personagens, uma vez que elas, nos poemas clássicos, eram marcadas apenas pelos verbos performativos (disse, comentou, explicou) e pela diferença de conjugação entre a voz narradora e as vozes das personagens. Há, entretanto, passagens bastante sutis em *A Doença*, como o final do Canto III, quando o narrador em primeira pessoa perde os sentidos e subitamente o narrador em terceira pessoa reassume a narrativa. A compreensão de diálogos fica muito mais simplificada com essas marcas gráficas.

Antes de oferecer ao público leitor a oportunidade de adentrar-se num estudo crítico mais pormenorizado sobre Domingos Caldas Barbosa e o seu poema autobiográfico, gostaria de encerrar esta nota introdutória com um agradecimento pelo apoio financeiro recebido do College of Arts and Sciences da Ohio State University, pela confiança dos estudantes de pós-graduação que participaram do seminário de literatura e cultura afro-brasileira que lecionei em 2013, e em especial a Fernando Morato e Miguel Alejandro Valerio, que se prontificaram a colaborar com este projeto literário. Também agradeço ao colega Heitor Martins, por haver me "apresentado" Caldas Barbosa, e aos amigos Alberto Ikeda e José Ramos Tinhorão, pelo entusiasmo pelo projeto e por sugerir a Editora 34 para a publicação deste estudo.

A DOENÇA,
DE DOMINGOS CALDAS BARBOSA

Lúcia Helena Costigan e Fernando Morato

O poema que o leitor tem diante de si é um exemplar único na literatura de língua portuguesa, quem sabe mesmo na literatura ocidental. Trata-se de uma narrativa autobiográfica escrita em Portugal pelo mulato brasileiro Domingos Caldas Barbosa, um dos músicos mais populares na Lisboa de fins do século XVIII. Ele tornou-se famoso por escrever e cantar modinhas, que foram uma verdadeira febre durante o reinado da rainha Maria I (entre 1777 e 1794), mas também foi o líder da Nova Arcádia, sociedade literária que se reunia no palácio do Conde de Pombeiro nos primeiros anos da década de 1790, e teve ainda uma importante atuação na vida teatral portuguesa. *A Doença*, editado em 1777, é um texto que dá o testemunho do período anterior a esses sucessos e registra, entre outros aspectos, a difícil trajetória desta personagem até estabelecer-se de maneira segura na sociedade portuguesa.

Talvez justamente devido ao caráter único, tanto do texto quanto de seu autor, o poema permaneceu inacessível por muito tempo. Esta é a segunda vez que ele vem à luz de forma individual desde o século XVIII, e essa inacessibilidade representou uma limitação séria para a possibilidade de compreensão da obra e da figura histórica de Caldas Barbosa. Desde as primeiras aproximações críticas que se fizeram de sua produção, os intérpretes têm se centrado quase exclusivamente sobre uma das últimas obras publicadas pelo poeta, a coletânea de modinhas *Viola de Lereno* (1798), o que lhe garantiu a imagem de "trovador" (segundo Varnhagen)[1] ou poeta "menos dotado" (segundo Antonio Candido),[2] vinculando-o quase unicamente ao caráter popular dessa coleção. Esse também pode ter sido um fator importante no silêncio ao redor das outras obras de Caldas, porque, uma vez identificado como poeta popular, sua obra era automaticamente desqualificada ao olhar da crítica, como sintetiza José Veríssimo na sua *História da literatura brasileira*, de 1916:

> [As modinhas] não enriquecem a poesia brasileira. Na história desta, Caldas Barbosa apenas terá a importância de testemunhar como se havia já operado no fim do século XVIII a mestiçagem luso-brasileira, que, primeiro física, acabara por influir a psique nacional. Era natural que essa influência no domínio mental se principiasse a manifestar num mestiço de primeiro sangue, como parece era o "fulo Caldas", dos apodos dos seus rivais portugueses.[3]

Enquanto a crítica brasileira centrava sua atenção exclusivamente neste aspecto da produção de Caldas Barbosa, os estudiosos portugueses preferiram ignorá-lo quase integralmente, uma vez que "pertencia ao Brasil e à sua expressão". Nas palavras da professora Vanda Anastácio, "o fato de que ele não era branco o excluiu do cânone literário português, incapaz e relutante em assimilá-lo no discurso nacio-

---

[1] Francisco Adolfo Varnhagen, *Florilégio da poesia brasileira*, vol. II, Rio de Janeiro, Academia Brasileira de Letras, 1987.

[2] Antonio Candido, *Formação da literatura brasileira: momentos decisivos*, 6ª ed., Belo Horizonte, Itatiaia, 1981.

[3] José Veríssimo, *História da literatura brasileira: de Bento Teixeira a Machado de Assis*, 5ª ed., Rio de Janeiro, José Olympio, 1969.

nal português".[4] Isso porque as produções do autor que não funcionassem para reforçar o aspecto "brasileiro" através do qual havia sido incorporado criticamente na história literária tenderam a ser ignoradas.

Apenas recentemente, nos estudos de Adriana de Campos Rennó,[5] José Ramos Tinhorão[6] e Luiza Sawaya,[7] alguma atenção começou a ser dada a *A Doença*, principalmente no que esta narrativa pode oferecer como documento histórico a respeito da trajetória de vida de Domingos Caldas Barbosa. Entretanto, se o poema tem, evidentemente, esse valor documental, ele apresenta também muitos outros aspectos que são igualmente importantes e justificam a sua releitura. Há uma enorme complexidade de imagens e referências que parecem apontar para um retrato extremamente sutil dos mecanismos que presidem o "baile de máscaras" da sociedade

---

[4] "The fact that he was not white excluded him from a Portuguese literary canon unable and unwilling to assimilate him into a Portuguese national literary discourse." Vanda Anastácio, "Literary Exchange in the Portuguese-Brazilian Atlantic before 1822", em H. E. Braun e L. Vollendorf (orgs.), *Theorising the Ibero-American Atlantic*, Boston, Brill, 2013.

[5] Adriana de Campos Rennó, *Violando as regras: uma (re)leitura de Domingos Caldas Barbosa*, São Paulo, Arte e Ciência, 1999; "A musa encomendada: Caldas Barbosa e a poética neoclássica", 2 vols., Tese de Doutorado em Letras, Unesp, Assis, SP, 2001; e *Caldas Barbosa e o pecado das orelhas: a poesia árcade, a modinha e o lundu (textos recolhidos e antologia poética)*, São Paulo, Arte e Ciência, 2005.

[6] José Ramos Tinhorão, *Os negros em Portugal, uma presença silenciosa*, Lisboa, Editorial Caminho, 1988; e *Domingos Caldas Barbosa: o poeta da viola, da modinha e do lundu (1740-1800)*, São Paulo, Editora 34, 2004.

[7] Luiza Sawaya, "Domingos Caldas Barbosa, para além da *Viola de Lereno*", Dissertação de Mestrado, Departamento de Estudos Românicos da Faculdade de Letras da Universidade de Lisboa, 2011; e *Domingos Caldas Barbosa, herdeiro de Horácio — poemas no Almanak das Musas: estudo crítico*, Lisboa, Esfera do Caos Editores, 2015.

portuguesa do século XVIII, na qual nobres, homens livres, profissionais liberais e poetas têm que desempenhar papéis predefinidos, mas ao mesmo tempo sujeitos a pequenas e significativas alterações. A dinâmica social das classes desprivilegiadas em sua busca de sobrevivência num ambiente em que virtualmente inexistem alternativas "burguesas" é o pano de fundo da narrativa de Caldas Barbosa.

Num século XVIII que buscava de maneira muito intensa a homogeneidade e a padronização segundo modelos retóricos universalmente aceitos, *A Doença* apresenta uma série de dificuldades que certamente o enriquecem ao olhar do século XXI. Há sem dúvida uma estranheza fundamental a respeito de qual seria o gênero desse texto, que não se encaixa com facilidade em nenhum dos modelos de narrativa poética disponibilizados pela tradição clássica à qual Caldas Barbosa claramente adere; há também uma estranheza a respeito da matéria, que empreende um relato autobiográfico (elemento por si só dissonante dentro dos gêneros narrativos clássicos) ainda por cima utilizando a terceira pessoa para referir-se a si mesmo; e, no limite, é possível falar também de uma estranheza a respeito do próprio autor, figura certamente deslocada dentro do universo intelectual lisboeta da segunda metade do século XVIII. Ainda que aceito e celebrado, o desconforto que essa figura causava era nítido e foi registrado em muitos relatos contemporâneos, mas provavelmente em nenhum com a virulência deste soneto insultuoso, atribuído a Manuel Maria Barbosa du Bocage, em que descreve de maneira satírica uma das reuniões da Nova Arcádia no Palácio de Pombeiro, de José de Vasconcelos e Sousa:

> Preside o neto da rainha Ginga
> À corja vil, aduladora, insana:
> Traz sujo moço amostras de chanfana,
> Por copos desiguais se esgota a pinga;

Vem pão, manteiga, chá, tudo à catinga;
Masca a farinha a chusma americana;
E o orangotango a corda à banza abana
Com gestos e visagens de mandinga:

Um bando de comparsas logo acode
Do fofo Conde ao novo Talaveiras;
Improvisa berrando o rouco bode.

Aplaudem de contínuo as frioleiras
Belmiro em ditirambo, o ex-frade em ode;
Eis aqui do Lereno as quartas-feiras.[8]

A violência com que Bocage procura rebaixar Caldas Barbosa em sua dignidade social e humana é mostra clara de que sua presença num círculo intelectual como o da Nova Arcádia era incômoda para certa consciência portuguesa. Ainda assim, é exatamente essa figura, desprezada por ser americana de nascimento e descendente de africanos, que o autor de *A Doença* escolhe como protagonista de sua narrativa. A esse respeito, é bastante interessante um fato registrado numa das primeiras biografias que se escreveu sobre o poeta, o breve artigo de seu sobrinho, o cônego Januário da Cunha Barbosa, publicado no tomo quarto da *Revista Trimestral do Instituto Histórico e Geográfico Brasileiro*:

Meu tio (assim nos informou um parente ainda vivo deste nosso poeta) não era preto nem branco, nem da África nem da América: mas era um homem de muitos talentos, e de virtudes sociais; expliquemos estes ditos.

---

[8] Manuel Maria Barbosa du Bocage, *Obras poéticas de Bocage*, vol. I, Sonetos, Porto, Imprensa Portuguesa Editora, 1875, p. 200.

Apresentação

O pai de Domingos Caldas Barbosa, depois de muitos anos de residência em Angola, regressava para o Rio de Janeiro, e em sua companhia vinha uma preta grávida, que na viagem deu à luz o nosso Caldas.[9]

A imagem é bastante sugestiva porque ressalta a "condição interstícia" de Caldas Barbosa que vai ser tão importante no desenvolvimento de *A Doença*: mulato de origem americana, ele não está perfeitamente integrado ou assimilado em Portugal, onde é visto como figura caricatural, pertencente à "chusma americana" mas ao mesmo tempo com identidade africana ("neto da rainha Ginga"), deslocado no salão mas ao mesmo tempo confortável na presença da mais alta nobreza. Ele é um exemplar dessa nova condição social e cultural que surge ao longo das diversas travessias do Atlântico português, que Silviano Santiago vai caracterizar como "entre-lugar".[10] É uma condição igualmente ambígua a com que ele é apresentado em *A Doença*:

> O Caldas sossegado prosseguia,
> Co'o favor de Terpsícore e Talia,
> A cobrir mil papéis de escritos versos
> Que em várias casas, várias mãos dispersos,
> O seu nome espalhando pela Corte
> Mais conhecido o fazem desta sorte.
> No meio dos Noronhas e Meneses

---

[9] Januário da Cunha Barbosa, "Domingos Caldas Barbosa", *Revista Trimestral de História e Geografia ou Jornal do Instituto Histórico e Geográfico Brasileiro*, tomo 4, Rio de Janeiro, Imprensa Americana, 1842, pp. 210-13.

[10] Silviano Santiago, "O entre-lugar do discurso latino-americano", em *Uma literatura nos trópicos: ensaios sobre dependência cultural*, 2ª ed., Rio de Janeiro, Rocco, 2000.

E outros muito Ilustres Portugueses
Até aos pés do Rei fora levado

(Canto II, vv. 3-11)

Terpsícore e Talia, respectivamente musas da Dança e da Comédia, fazem uma alusão clara à condição de *performer* que valeu a Caldas Barbosa reconhecimento nas tertúlias e que está registrada em vários documentos (no soneto de Bocage, satirizada como "gestos de mandinga"), condição esta associada fundamentalmente às modinhas da *Viola de Lereno*; mas o trecho também insiste que ele está "a cobrir mil papéis de escritos versos", que sugerem um outro tipo de inserção cultural, diferente da performance, e insiste que são estes "papéis" que divulgam seu nome pela corte e abrem caminho junto às grandes famílias (Noronha e Meneses são famílias cuja nobreza remonta à Idade Média) e, inclusive, ao rei, D. José I. A cena descrita aponta para a tradição de circulação de manuscritos, que foi tão importante na difusão da poesia neoclássica em Portugal, mas poderia ser expandida também para o próprio texto que lemos, já que este não é fruto de uma apresentação pública senão de um nível "mais elevado" na escala de prestígio intelectual, uma vez que está impresso. Estaria este poema associado a um círculo de legitimidade que se identifica com a elevação da nobreza? Se sim, como compreender, então, as opções muito particulares que constituem as estranhezas mencionadas acima?

Não há dúvida de que há um elemento fundamental de sofisticação atribuído ao texto. Na folha de rosto da publicação está bastante claro: "A Doença/ Poema/ oferecido à Gratidão/ por/ Lereno Selinuntino/ *da Arcadia de Roma*/ aliás/ D. C. B.". O itálico com que se destaca o pertencimento de Lereno Selinuntino (nome poético com que Caldas Barbosa assinava suas obras) à Arcádia de Roma, reforça o des-

Apresentação

taque que essa instituição, a mais prestigiosa agremiação literária do século XVIII, deve ter no julgamento prévio do texto que vai ser lido.

O mesmo acontece do ponto de vista textual. Desde o princípio a narração associa-se inequivocamente com o gênero épico, apesar de a página de rosto da edição limitar-se a dizer "poema oferecido à Gratidão". A escolha do verso decassílabo é típica, ainda que o dístico não seja o padrão mais comum de rima para ele na língua portuguesa; da mesma forma, a divisão em Cantos reforça o parentesco com o épico; e ainda é reconhecível o protocolo introdutório que vem desde a *Eneida* e, em Portugal, se canoniza com *Os Lusíadas*: uma proposição, uma invocação e uma dedicatória que antecedem a narrativa iniciada, também de forma canônica, *in media res*: "Passava alegre os dias sossegado/ O perseguido Caldas, abrigado/ na Casa dos Ilustres Vasconcelos" (Canto I, vv. 33-35), isso sem esquecer o aparato mitológico obrigatório à epopeia.

No entanto, o assunto proposto, como já dito, não se enquadra adequadamente no modelo épico que ecoa desde suas primeiras linhas: o poeta pretende cantar "As duras aflições e agudas dores/ que o miserável Caldas suportara" (Canto I, vv. 6-7), o que, de acordo com as preceptivas clássicas, pertence ao gênero elegíaco, não ao épico. Além disso, o "miserável Caldas" certamente não faz parte do rol de personagens elevadas de nenhum desses dois tipos de poesia, ainda mais quando ele nitidamente é o próprio autor do poema, indicado na página de rosto como "Lereno Selinuntino [...] aliás D. C. B.", sigla que já havia sido deslindada em letra impressa na *Recopilação dos principais sucessos da história sagrada em verso por Domingos Caldas Barbosa*, publicada no ano anterior, 1776; menos adequada aos cânones da tradição é a aflição que se vai contar dessa personagem, um "grosso tumor que lhe ameaça a morte" (Canto I, v. 10).

A Doença insere-se, então, desde o princípio, em um espaço ambíguo (tão ambíguo quanto o próprio autor, que "não era preto nem branco, nem da África nem da América"), que não pode ser completamente compreendido apenas com as ferramentas da tradição ou mesmo com a ideia de autobiografia, criada apenas no século XIX segundo uma tradição muito diferente. Pode ser interessante associar essas ferramentas a outro conceito, o de relato de vida (*life narrative*), desenvolvido por Sidonie Smith e Julia Watson.[11]

As autoras procuram ampliar o escopo abrangido pelo termo "autobiografia" e, assim, reconhecer como o conceito de "relato de vida" dá conta histórica e textualmente de um fenômeno mais amplo que o primeiro termo. Para isso, elas analisam vários aspectos de textos das mais diversas épocas em que o objeto da narrativa se identifica de alguma maneira com o seu autor, reconhecendo que esse tipo de narrativa muitas vezes desborda os aspectos exclusivamente biográficos ou mesmo históricos:

> Quando narradores de vida escrevem para fazer a crônica de um evento, para explorar certo período de tempo, ou para ilustrar uma comunidade, em certo sentido eles estão fazendo "história". Mas eles estão também representando alguns atos retóricos: justificando suas próprias percepções, garantindo suas reputações, desafiando as versões de outros, estabelecendo parâmetros, fornecendo informações culturais e inventando futuros desejáveis, entre outros.[12]

---

[11] Sidonie Smith e Julia Watson, *Reading Autobiography, a Guide for Interpreting Life Narratives*, 2ª ed., Minneapolis, University of Minnesota Press, 2010.

[12] "When life narrators write to chronicle an event, to explore a cer-

Smith e Watson destacam alguns aspectos básicos em que essa representação se revela: memória, experiência, identidade, espaço, corporeidade e agência. Todos estes são aspectos claramente trabalhados pelo texto de *A Doença*: a memória, que aqui certamente é um dos mais importantes, aparece invocada em vários momentos, com especial destaque para o final do Canto II, em que o Caldas é solicitado pelo amigo Adolfo a contar sua história. Para além do modo como a memória é usualmente tratada no período clássico (instrumento para preservar as ações de indivíduos notáveis), Caldas lida com ela também num nível claramente pessoal, que conduz os fatos narrados (tanto pela menção como pela omissão):

> Passava alegres dias sossegado
> O perseguido Caldas, abrigado
> Na Casa dos Ilustres Vasconcelos, [...]
> Contando alegre os repassados sustos

(Canto I, vv. 33-38)

> Um acaso infeliz, que não te conto,
> E de cuja memória inda me afronto,
> A Lisboa me traz incautamente
> E entre a gente que vês, vivi sem gente

(Canto III, vv. 93-96)

---

tain time period, or to enshrine a community, they are making 'history' in a sense. But they are also performing several rhetorical acts: justifying their own perceptions, upholding their reputations, disputing the accounts of others, setting scores, conveying cultural information, and inventing desirable futures among others" (Smith e Watson, *op. cit.*, p. 13).

A personagem se vale da memória para criar identidade pessoal, num processo que representa pequenos conflitos entre o lembrado e o narrado. A memória também é um elemento aglutinador da experiência social, que cria laços entre indivíduos e reforça a identidade de grupos que estão à margem na sociedade portuguesa, como é nitidamente o caso de Caldas e alguns amigos de origem americana:

> Um dia em que os amigos se juntavam
> E os sucessos da Pátria recontavam,
> Recordando mil nomes de Patrícios,
> Sua ciência e arte e seus ofícios,
> Deram tristes suspiros à lembrança
> Do sonoro Filipe, que descansa
> Entre as almas felizes que rodeiam
> O Trono em que as virtudes se premiam

> (Canto IV, vv. 15-22)

Mas talvez o exemplar mais claro desse papel significante e, em certo sentido, político que a memória tem ("Acts of personal remembering are fundamentally social and collective", Smith e Watson, *op. cit.*, p. 26) e que evidencia o conflito entre lembrado e narrado se encontre justamente numa ausência, num apagamento intencional da memória ao mesmo tempo que a menciona. Quando o Caldas personagem-narrador está relatando sua história para o amigo Adolfo, no Canto III, o momento de sua mudança de Coimbra a Lisboa vai ser mencionado e, com ele, a pessoa por cujo intermédio esse evento se fez possível, quando algum tipo de convenção exterior impede o narrador de fazê-lo:

> Magnânimo infeliz, que lei prescreve
> Que eu te negue o louvor que se te deve?

Apresentação

Porque, por gratidão, por minha glória,
Não hei de misturar na breve história
Da minha vida a parte que te toca?
Mas eu sinto perder-se a voz na boca:
Deem-te pois meus suspiros e meu pranto
O que não pode oferecer-te o canto.

(Canto III, vv. 207-214)

E entra em ação uma estratégia narrativa e, por que não, performática em que o narrador sucumbe à emoção gerada pela "proibição" a que está submetido e perde os sentidos. Não está claro quem seria esse "Magnânimo infeliz" cuja menção desperta tanta paixão no narrador-personagem — quem sabe poderia ser o Marquês de Pombal, recentemente caído em desgraça após a morte do rei D. José I, neste mesmo ano de 1777, talvez seja outra personagem que também havia sido levada ao ostracismo. A questão mais importante, entretanto, parece estar além, na performance narrativa dessas emoções intensas ante os benfeitores, que são os avalistas da legitimidade social adquirida pelo poeta. A experiência e a identidade da personagem apresentada, que coincide claramente com o próprio autor, é vinculada de maneira muito forte e evidente a elementos externos. O traço de "agência" identificado por Smith e Watson parece (mas só parece) estar bastante limitado no caso de Caldas Barbosa.

Este certamente é um ponto importante para compreendermos alguns sentidos possíveis de A Doença, tanto para o público implícito do momento em que foi escrito quanto para o leitor contemporâneo. Para isso, é necessária uma rápida vista de olhos nos fatos narrados pelo autor.

Após a introdução protocolar do gênero épico clássico (proposição, invocação, dedicatória), a personagem central, "o Caldas", "passava os dias sossegado [...] na Casa dos Ilustres Vasconcelos", sendo bem-aceito e reconhecido por todos (mais precisamente, pela alta nobreza), não sem uma ressalva do narrador de que os que antes o desprezaram, agora, que sua sorte era diferente, mostram-se amigos. De qualquer maneira, a proteção da família Vasconcelos, mais especificamente Antônio de Vasconcelos, Conde da Calheta, em cuja casa Caldas vive, parece ter encerrado a longa lista de sofrimentos que ele viveu até então. Isso leva a outra sequência típica das narrativas clássicas que é um "Concílio dos Deuses", ainda que paródico, pois é um "Concílio dos Vícios" convocado pela Fortuna (aqui não é exagerado lembrar o paralelo que se pode estabelecer com a abertura de um dos textos de maior circulação no Portugal do Setecentos, *O Hissope*, de Antônio Dinis da Cruz e Silva, provavelmente escrito em fins dos anos 1760, em que o "Gênio tutelar das bagatelas" rege sua corte). A deusa está indignada com o fato de que os Vícios atacam apenas os fracos, mas deixam intocados os "grandes Vasconcelos", que até se dão ao luxo de proteger um (o Caldas) em quem ela, Fortuna, costumava exercitar suas arbitrariedades. A menção ao nome Vasconcelos faz os Vícios todos tremerem de medo, o que dá oportunidade para que a Doença se pronuncie e diga que, como não reconhece hierarquias, ataca tanto nobres quanto plebeus, tem tumores que podem destruir a saúde do Caldas, no que é imediatamente aprovada pela Fortuna.

No segundo Canto, o narrador descreve a "vida sossegada" do Caldas, mencionando todas as famílias da alta nobreza que ele frequenta com regularidade (Noronha, Meneses, Angeja, Marialva, Mendonça, tendo sido inclusive recebido pelo próprio rei D. José I) até que uma mudança de tempo deixa-o doente, sendo submetido à sangria. A melhora é breve, porque logo lhe aparece um tumor na espádua esquerda, levando-o a cauterizações que são retardadas em seus efeitos pela Doença. A Fortuna age de maneira a criar situa-

Apresentação

ções imprevistas e afastar o médico que está cuidando do poeta. É necessária, então, a intervenção de outra deusa, a Piedade, junto à Saúde, para que o tumor seja minimamente controlado e o Caldas possa voltar a suas atividades musicais. É numa apresentação que encontra um conterrâneo "alegre" que o reconhece como o "Caldas Brasileiro/ Que tem por Pátria o Rio de Janeiro,/ Filho já de outro Caldas" e, em nome da amizade, pede que ele narre sua vida.

O terceiro Canto realiza uma tarefa também típica das epopeias clássicas: a personagem principal conta, em primeira pessoa, os fatos anteriores ao início da narração. Cria-se, entretanto, uma situação insólita, já que o autor Domingos Caldas Barbosa dá voz à personagem que é ele próprio para assumir a primeira pessoa. Nesse jogo de espelhos, Caldas conta ao amigo Adolfo (que só será abertamente nomeado no Canto IV) como saiu da América para estudar Direito em Coimbra mas, devido à morte súbita de seu pai, encontrou-se inesperadamente sem recursos, o que o forçou a um périplo pelo país (Lisboa, Coimbra, Porto, Barcelos, outra vez Lisboa, Coimbra, retornando finalmente a Lisboa), passando por inúmeras necessidades, sobrevivendo de apresentar-se em festas e tertúlias além de recorrer também a um "forçado fingimento": quando seus recursos estavam se esvaindo, resolveu fingir que sua pobreza era na verdade mera excentricidade e, assim, as pessoas que acreditavam poder se aproveitar dos supostos recursos do poeta lhe franqueassem suas posses; este engano inclusive levou-o a Coimbra. A estratégia, entretanto, teve curta duração, porque as férias da Universidade tiraram os estudantes da cidade e assim o Caldas se viu na mais desesperadora necessidade, dormindo ao relento e chegando inclusive a passar fome. É nesse momento que uma "mão piedosa" o socorre e o leva a Lisboa. Como já foi mencionado, Caldas não revela o nome dessa pessoa, dizendo-se impedido por uma lei que preconizaria que louvor lhe seja negado, e nesse exato momento desmaia e tem que interromper a narração por um tempo. Quando se recupera, conta como, já em Lisboa, foi recolhido pelos ilustres Vasconcelos (José e Luís) que havia conhecido anos antes, em Barcelos, e como estes lhe conseguem a proteção do irmão mais velho, Antônio.

No Canto IV a amizade de Caldas e Adolfo estreita-se a ponto de este também se tornar parte do círculo de protegidos dos Vasconcelos; outros brasileiros que faziam parte desse grupo são lembrados pelos amigos. Menciona-se, então, uma nova amizade de Caldas com um jovem médico chamado Martins. É Martins que, num dia em que abraça o poeta, reconhece o tumor, que voltou a crescer na espádua esquerda. Crendo ser um tipo de tumor "brando", o novo amigo de Caldas propõe uma cirurgia para extraí-lo mas, tão logo faz a incisão, reconhece ser de outra consistência, o que causa uma hemorragia, quase mata o poeta e enfurece seu protetor, o Conde da Calheta. Ele se zanga porque o recurso a um "médico desconhecido" poderia sugerir que Caldas não acreditava que ele, seu protetor, estivesse disposto a fazer todos os gastos e contratar os mais ilustres cirurgiões portugueses para salvar "uma vida humana". Martins defende-se dizendo que não é conhecido por não ter protetor, apesar de ser tão competente e estudado quanto todos os nomes mencionados. A situação, entretanto, é controlada e Caldas sobrevive. Encerra-se o poema com uma invocação à Gratidão, que permite ao autor fazer o verdadeiro elogio dos Vasconcelos.

Como já foi dito, se o texto tem vários elementos típicos da tradição narrativa clássica, tem outros elementos nitidamente dissonantes, sobretudo no que diz respeito à matéria e como esta se articula com o registro alto em que é tratada. Falaremos disso mais à frente.

Seria interessante reconhecer de saída aqui que, dos traços identificados por Smith e Watson a respeito das narrativas de vida, a agência parece ser o "menos presente". Caldas parece ser joguete da Fortuna, tendo que a todo tempo recorrer à proteção de algum "grande" para garantir-se. Entretanto, lembremos do episódio do "forçado fingimento", em que ele simula sua pobreza em excentricidade:

> A minha desnudez fingi e creram
> Que de um estranho humor desordens eram,
> Mudei o humilde tom de desgraçado;
> E como não pedia, era escutado.
> Fácil a sua bolsa franqueava
> Quem valer-se da minha inda esperava

(Canto III, vv. 107-112)

A personagem que manipula a memória com grande liberdade também sabe manipular a sua aparência de maneira a entrar no jogo de disfarces da sociedade, ajustando-se às expectativas para tirar proveito delas. A sociedade portuguesa organiza-se a partir de uma estrutura patrimonialista e hierárquica em que os artistas têm que ocupar um lugar bastante preciso para manterem-se, uma vez que a circulação intelectual de escritos apresenta características particulares. A imprensa existe em Portugal, mas funciona de maneira muito diferente da de outros países europeus em fins do século XVIII, onde já é regida pela pura e simples oferta a um mercado leitor; em terras lusitanas o mercado leitor ainda é bem incipiente. Lembremos da menção do Canto II de que Caldas cobria páginas de versos "Que em várias casas, várias mãos dispersos,/ O seu nome espalhando pela Corte" (vv. 6-7). Apesar da existência de um número razoável de impressores e livreiros, a circulação de impressos se faz sobretudo através do intermédio da Imprensa Régia, monopolizada pela Coroa e fiscalizada pela Real Mesa Censória (criada em

1768). Nesse processo, então, a Coroa tem um papel fundamental. Parte desse movimento foi estudada por Ivan Teixeira,[13] que cunhou o termo "mecenato pombalino" para explicá-lo: o Marquês cultivou um círculo de intelectuais, majoritariamente brasileiros, que o ajudava através de obras encomiásticas a fazer propaganda de aspectos de sua política cultural. Basílio da Gama com *O Uraguai* (1769), Manuel Inácio da Silva Alvarenga com *O Desertor* (1774) e uma inumerável quantidade de poetas que fizeram celebrações quando da inauguração da estátua equestre de D. José I (1775) são reconhecidos como etapas desse discurso cultural tão importante no terceiro quartel do século XVIII. Não é descabido aqui lembrar que Caldas Barbosa participou dessas celebrações, escrevendo uma *Narração dos aplausos com que o juiz do povo e casa dos vinte-quatro festeja a felicíssima inauguração da estátua equestre* e publicando uma coleção de poesias feitas "na feliz inauguração da estátua equestre de el-rey nosso senhor D. José I".

Após a queda de Pombal em 1777, a política sofreu uma virada importante no que diz respeito à relação da Coroa com a antiga nobreza, mais bem-aceita pela rainha Maria I, mas muitos elementos das mudanças culturais empreendidas sob patrocínio do primeiro-ministro de José I foram mantidos e desenvolvidos (a Real Mesa Censória mantém-se, as reformas empreendidas na Universidade de Coimbra seguem ativas, cria-se a Academia das Ciências de Lisboa), dando continuidade de maneira renovada ao patrimonialismo ao qual os escritores de origem não nobre estavam submetidos. Lembremos, de passagem, que como Caldas Barbosa chega em Portugal em 1763 e o poema foi publicado em 1777, to-

---

[13] Ivan Teixeira, *Mecenato pombalino e poesia neoclássica*, São Paulo, Edusp, 1999.

das as peripécias narradas ao longo de *A Doença*, sobretudo as do Canto III são, portanto, passadas sob o domínio de Pombal (ainda que, significativamente, não haja aqui nenhuma menção à celebração da inauguração da estátua equestre, da qual o poeta participou).

Não apenas os artistas como Caldas estão desprovidos de oportunidades fora do aparato oficial. O poeta, que originalmente pretendia estudar Direito, só teve que recorrer ao "auxílio das musas" porque a morte de seu pai o deixou completamente sem recursos. Apesar de ser alto funcionário da Coroa no Brasil, o pai de Caldas não teve condições de deixar sustento para o filho; ou seja, ele próprio só tinha segurança enquanto exerceu o cargo de funcionário.

A "agência" que parece faltar no texto, na verdade tem que se converter em uma "capacidade de atrair a benfeitoria". Smith e Watson, ao falarem do processo de agência e de subjetivação, citam o filósofo alemão Wilhelm Dilthey, que discute o *Bildungsroman* do século XVIII, que seria "a história do esforço de um indivíduo em 'tornar-se consciente de sua função no mundo'".[14] Desde este ponto de vista, a compreensão de "seu papel no mundo" depende muito de que "tipo de mundo" é esse em que o indivíduo se está inserindo. O Caldas Barbosa de *A Doença* revela-se aos poucos extremamente consciente dos limites e possibilidades de sua agência. Portugal é um país que, em fins do século XVIII, faz uma aposta política e histórica em um tipo muito específico de sociedade (aristocrática) e de nacionalidade (um império transcontinental), por isso oferece um leque de opções de papéis sociais bem diferente das apresentadas pelos países do Norte da Europa.

---

[14] "[...] the story of an individual's struggle to become a social subject who 'becomes aware of his purpose in the world'", Smith e Watson, *op. cit.*, p. 10.

Após sua chegada a Portugal e a morte de seu pai, Caldas Barbosa viveu inúmeras necessidades, conforme conta em *A Doença*, mas não conseguiu superar esse estado através simplesmente de seu trabalho e talento. A ausência de estudantes em Coimbra o levou ao grau mais desesperador de pobreza ("Sobressaltei-me ao ver a dura fome/ Que eu conhecia por figura e nome", Canto III, vv. 195-196), mostrando-lhe que o recurso ao público não era suficiente em Portugal. Alguns versos antes, ele já havia refletido sobre essa "ingratidão" do público e quais as saídas possíveis ou necessárias:

> Mas quais bens dão os Lusos e qual prêmio
> Aos que as Musas recebem no seu grêmio?
> Quem os feitos cantou do Ilustre Gama
> Só tem depois de morto honrada fama:
> O bom Bernardes mesmo, o bom Ferreira,
> Viram secar-se o ouro na algibeira.
> Só dum posso contar, é só Sipilo,
> Que vagando também sem ter asilo,
> Achou mão poderosa que o erguera
> Da abatida miséria e que lhe dera
> Grata matéria a sonoroso canto:
> Feliz Sipilo que merece tanto.

(Canto III, vv. 157-168)

Os exemplos são eloquentes e compõem uma tópica antiga de desprezo das Letras: Camões teve fama apenas após morrer, Antônio Ferreira e Diogo Bernardes só puderam dar-se ao luxo de escrever porque eram ricos, mas há um exemplo a mais, justamente Basílio da Gama (Termindo Sipílio), também como Caldas "árcade romano". O poeta que não tem recursos próprios necessita de "mão poderosa que o erg[a] da abatida miséria". É um reconhecimento aberto da

Apresentação

ubiquidade do favor, da estrutura de patronato e, por que não, do mecenato pombalino que Ivan Teixeira estudou. O reconhecimento social e a estabilidade não podem vir pelo reconhecimento de um público abstrato, mas sim pelo mecenas, daí a importância da celebração dos protetores. Acontece o mesmo com Adolfo, amigo de Caldas, que

> [...] tendo ao Caldas visitado,
> É pelos olhos seus certificado
> Do que dos Vasconcelos já ouvira:
> Cantou seus nomes na Latina Lira
> Dentre os mesmos escolhe um Protetor,
> Começa a sua sorte a ser melhor.

> (Canto IV, vv. 9-14)

Da mesma maneira, o amigo Martins, ao ser acusado pelo Conde de ser um médico desconhecido, responde reforçando o mesmo fato:

> Se o meu nome, Senhor, não gira e voa
> Além e muito além da alta Lisboa,
> É por disposição do avesso Fado,
> Que eu tenho como os outros estudado:
> Eu sei do corpo o todo, e parte e parte,
> E tenho, como os mais, destreza e arte.
> Falta-me um Protetor que a mão estenda
> E erguer-me junto aos mais também empreenda.
> Assim sucede àqueles nomeados
> Que por ilustres mãos foram tirados
> Da confusão de muitos que a desgraça
> Mostrar raros talentos embaraça

> (Canto IV, vv. 241-252)

Assim como na Viena da mesma época, onde o jovem Mozart lutou de maneira inglória para tentar desvencilhar-se da tutela de patronos, o Portugal da segunda metade do século XVIII não oferece condições para a sobrevivência de uma classe independente de profissionais, sejam eles poetas, sejam médicos. A esse propósito, é ilustrativo que nos anúncios de livros da *Gazeta de Lisboa* se misturem indistintamente anúncios de médicos oferecendo seus serviços, mas com a reveladora informação de que não vivem por si sós:

> *Isaac Gaudin*, cirurgião hernário, aprovado nesta Corte, faz aviso em benefício da saúde pública, que ele fabrica um gênero de fundas das mais especiais, para hérnias, ou quebraduras. São as ditas fundas tão leves, e cômodas [ou seja para homens, e mulheres, ou para crianças], que por serem verdadeiramente elásticas, com elas se pode fazer qualquer exercício, sem embaraço, nem temor de acidente algum. *Mora defronte da Igreja da Magdalena, nas casas do Conde de Soure, no segundo andar.*[15]

Não há espaço previamente disponível para profissionais liberais, assim como não há espaço para sujeitos que não correspondam ao modelo social oferecido. O soneto de Bocage citado acima é exemplar disso, afinal, os gestos e o corpo de Caldas estão deslocados em um ambiente como o palácio do Conde de Pombeiro. É mais ou menos o mesmo que a figura alegórica da Fortuna diz no início de *A Doença*:

> Inda um fraco mortal que eu perseguia
> E a amiudados golpes afligia,

---

[15] *Gazeta de Lisboa*, 26 de fevereiro de 1779 (grifos nossos).

Apresentação

Em quem as aflições eu ensaiava
Que para os outros homens preparava,
De vós o confiei, e este inimigo
Das mãos vos escapou; tem como abrigo
A casa do Ilustríssimo Calheta
E ali zomba esse mísero Poeta
(Como de parte a meu poder isenta)
Da minha lei horrível e cruenta,
E até chega a julgar parte segura
Ao invencível braço da ventura.

(Canto I, vv. 169-180)

A função do Caldas, na armação que o enredo constrói, é a de servir de cobaia das arbitrariedades da Fortuna, fato que confirmamos posteriormente através da sucessão de imprevistos que mudam o curso dos acontecimentos de sua vida. O que vem a quebrar essa série de reviravoltas é justamente a acolhida que recebe da família Vasconcelos, ou seja, a inserção, ainda que subordinada, na hierarquia social estabelecida em Portugal. É sugestivo que exatamente neste momento a doença que ataca a personagem seja um tumor. Tomando emprestada a análise de Susan Sontag a respeito dos significados que foram atribuídos à tuberculose e ao câncer ao longo dos séculos XIX e XX, podemos dizer "imagens de doenças são usadas para expressar preocupação com a ordem social".[16] Assim como a "massa estranha" (Canto IV, v. 162) do tumor invade o corpo saudável de Caldas, ele próprio "invade" o espaço social da nobreza com seus "gestos de mandinga" (Bocage).

---

[16] "[...] disease imagery is used to express concern for social order." Susan Sontag, *Illness as metaphore*, Nova York, Farrar, Straus and Giroux, 1978, p. 72.

A Doença é então um texto extremamente revelador de toda uma dinâmica social e do processo como os brasileiros se estão inserindo nela. Se o poema revela essa consciência em imagens que ocupam as entrelinhas de sua narrativa, é possível considerar que o mesmo se dá também na própria estrutura com que se monta. Como isso se articula com as questões pessoais que também podem ser reconhecidas? Já assinalamos a estranheza fundamental com que o texto se apresenta, não apenas ao leitor contemporâneo mas também ao leitor neoclássico. Como lembram Smith e Watson, o gesto de narrar uma vida não é apenas informativo e histórico mas também, em um nível, performático. Nesta sociedade que declaradamente aponta para uma armação social afastada de certas estruturas que acabaram por triunfar na era moderna, sociedade na qual a individualidade tem que passar pela legitimação de uma figura de autoridade, o mesmo acontece com a escrita, que tem que se inserir num conjunto de referências anterior a ela.

Nos países do Norte da Europa, a emergência de uma subjetividade moderna vinha acompanhada de novos gêneros de narrativa, os diários de viagens, as autobiografias e, sobretudo, o romance. Não por acaso é exatamente na Inglaterra, espaço privilegiado de mudanças burguesas, que estes gêneros estarão mais vivos. Caldas Barbosa, entretanto, não pode lançar mão dos novos gêneros narrativos que se estão criando na França e na Inglaterra; o romance não faz ainda parte do universo intelectual português.

Em Portugal, esses modelos literários vão começar a surgir apenas no século XIX. Que resta ao escritor de língua portuguesa que tem que se submeter aos protocolos neoclássicos? O poema e, em alguns casos, o poema herói-cômico, que teve extrema fertilidade no mundo lusófono. Esta, quem sabe, seria a forma mais fértil para tentar entender a articulação que Domingos Caldas Barbosa faz de uma linguagem e

Apresentação

um aparato cultural elevados para uma realidade tão aparentemente comezinha.[17]

Quem sintetiza a tradição a respeito desse gênero é outro mulato brasileiro que fez parte do círculo de protegidos do Marquês de Pombal, o poeta Manuel Inácio da Silva Alvarenga. Na introdução de seu poema herói-cômico *O Desertor*, ele escreve:

> O poema chamado Herói-Cômico, porque abraça ao mesmo tempo uma e outra espécie de poesia, é a imitação de uma ação cômica heroicamente tratada. Este Poema pareceu monstruoso aos Críticos mais escrupulosos, porque se não pode (dizem eles) assinalar o seu verdadeiro caráter.[18]

"Abraça ao mesmo tempo uma e outra espécie de poesia" é a expressão-chave aqui. O modelo do poema herói-cômico é ainda pouco estudado no Brasil e em Portugal, apesar de ter sido extremamente fecundo na língua portuguesa.[19] Para uma sociedade que mescla elementos de modernidade e de tradição, na qual é a máscara do "forçado fingimento" a que permite a sobrevivência daqueles que não têm patrimônio nem padrinho, o gênero poético que assume abertamente essas misturas é certamente apropriado. A "estranheza fundamental" de *A Doença* parece ser, em verdade,

---

[17] A esse respeito, consultar Alberto Pimentel, *Poemas herói-cómico portugueses*, Porto/Rio de Janeiro, Renascença Portuguesa/Anuário do Brasil, 1922.

[18] Manuel Inácio da Silva Alvarenga, *O Desertor*, em *Obras poéticas*, introdução, organização e fixação de texto de Fernando Morato, São Paulo, Martins Fontes, 2005.

[19] A lista recolhida por Alberto Pimentel é significativa: 131 títulos entre 1700 e 1900, 35 apenas no século XVIII.

a realização formal do princípio social que preside toda essa sociedade.

Note-se também um outro recurso estilístico extremamente comum ao longo do poema. Durante o "Concílio dos Vícios", surge o "espectro informe" no verso 203 que faz todo um discurso e só tem sua identidade revelada no verso 307; da mesma maneira, no fim do Canto II, surge um "moço alegre" que faz Caldas contar sua história — esse "moço" apenas será nomeado no primeiro verso do Canto IV; Martins também, surge como "mancebo [...] experiente" no verso 63 do Canto IV, para ter seu nome revelado no verso 77. O texto raramente dá identidade às personagens já no primeiro momento — ela só surge após algum tempo, após certa inserção narrativa, que ajude a definir seu contorno na interação com as demais personagens.

É muito semelhante ao processo social descrito ao longo de todo o périplo do Caldas até a segurança que finalmente consegue na casa dos Vasconcelos. Só através do reconhecimento oficial dos nobres ele pode ser nomeado. Lembre-se que são os papéis manuscritos que "O seu nome espalhando pela Corte/ Mais conhecido o fazem desta sorte" (Canto II, vv. 7-8).

Para retornar à questão sobre se estaria este poema associado a um círculo de legitimidade que se identifica com a elevação da nobreza, creio que a resposta é afirmativa desde que se compreenda qual é o tipo de inserção que esta estrutura social requer. No baile de máscaras do Portugal setecentista, o poema tem que se mascarar também, mas com elementos que sejam reconhecidos pelo auditório. "Fácil a sua bolsa franqueava/ Quem valer-se da minha inda esperava" (Canto III, vv. 111-112), esta observação sobre o "forçado fingimento" de que se valeu revela como Caldas compreende a estrutura de trocas de favores que se escondem detrás da superfície de polidez e urbanidade.

Apresentação

A Doença, nestes e muitos outros níveis permite, então, um vislumbre importante nas engrenagens sociais do século XVIII português. Aqui estão os nobres, estão os plebeus, estão os profissionais liberais mas, sobretudo, estão as máscaras que todos têm que usar para sobreviverem no jogo cortês. Certamente ainda há muito a ser lido e compreendido nestes versos. Como a questão da identidade especificamente brasileira, mencionada mais de uma vez pelo Caldas, difere das demais? Como reconhecer a questão racial em meio a tantas máscaras? Como ler os diversos "corpos estranhos" (Caldas, brasileiros, profissionais liberais, tumores) que aparecem ao longo da narrativa?

Os modelos são uma pista, mas têm que ser lidos a contrapelo, de ponta-cabeça, como sugere a citação mais evidente do texto: "E espero que me ajude engenho e arte", retirada da segunda estrofe de *Os Lusíadas*, mas, significativamente, colocada no encerramento de *A Doença*.

Domingos Caldas Barbosa

A DOENÇA

A DOENÇA.
POEMA
OFERECIDO À GRATIDÃO
POR
LERENO SELINUNTINO
DA ARCÁDIA DE ROMA,
ALIÁS
D. C. B.

LISBOA
NA RÉGIA OFICINA TIPOGRÁFICA.
ANO MDCCLXXVII.
COM LICENÇA DA REAL MESA CENSÓRIA.

CANTO I

Se houver algum mortal que possa tanto[1]
Que ouvindo a minha voz reprima o pranto,
Aplique o duro coração e ouvidos
E ouvirá nos meus versos os gemidos,
Os tristíssimos ais e altos clamores,   5
As duras aflições e agudas dores
Que o miserável Caldas suportara[2]
Até que destra mão destrói, separa
Com apressado e horroroso corte
Grosso tumor que lhe ameaça a morte.   10

E tu, claro Inventor da Medicina,[3]
Prepara-me uma voz do assunto digna,

---

[1] Seguindo o modelo clássico de poema narrativo fornecido por Virgílio (*Eneida*) através de Camões (*Os Lusíadas*), Caldas Barbosa inicia sua narrativa com uma "Proposição" (vv. 1-10), em que explica ao leitor os objetivos e o assunto de seu poema; segue-se uma "Invocação" (vv. 11-18), em que o poeta pede ajuda a divindades para conseguir realizar a tarefa a que se propôs; depois uma "Dedicatória" (vv. 19-32), em que ele oferece sua obra a uma figura importante. Só então começa a narração.

[2] Num movimento retórico inusual, Caldas Barbosa faz de si próprio a personagem da narrativa em terceira pessoa.

[3] Apolo, pai de Esculápio, deus da medicina e da cura, é considerado o inventor dessa arte.

Da qual possa escutar o terno amigo[4]
Qual foi a dor, qual foi o seu perigo,
Qual a horrível moléstia, qual a cura,   15
E depois de justíssima ternura,
Possa com milagrosa Poesia
Encher-se o peito e a alma de alegria.[5]

Amável gratidão,[6] influi, socorre
A quem por entre as aflições discorre.   20
Amável gratidão, tu desde o peito
Em que gostosa habitação tens feito
As minhas fracas vozes fortalece,
E repartida nelas aparece
A confundir aqueles que, abusando   25
Do teu sagrado nome venerando,
Nunca te deram no seu peito entrada
E usam de vil mentira disfarçada;
Ânimos férreos onde mora o vício
E que abrandar não pode o benefício,   30
Amável gratidão, por ti escrevo
E o rude verso dedicar-te eu devo.

Passava alegres dias sossegado[7]
O perseguido Caldas, abrigado

---

[4] O "amigo" é o próprio Conde da Calheta, Antônio José de Vasconcelos e Sousa (1738-1801), protetor de Caldas Barbosa.

[5] No final da "Invocação" há uma mudança de rumo, uma vez que o poeta disse que despertaria lágrimas nos leitores e agora diz que vai lhes "encher o peito e a alma de alegria". Este tipo de transição, segundo a *Poética* de Aristóteles, é típico da Comédia.

[6] Aqui começa a "Dedicatória", que será feita à própria Gratidão.

[7] Início típico de narrativas clássicas *in media res*, contando fatos que já estavam em andamento para mais tarde narrar como se chegou a

Na Casa dos Ilustres Vasconcelos,[8]   35
Sem mais outro cuidado, outros desvelos,
Que seguir seus ditames sábios, justos,
Contando alegre os repassados sustos,
Estimando a barreira achar segura
Que opusesse às desordens da ventura.   40
Tinha visto fugir miséria e fome
Daqueles que invocavam o alto nome
Dos seus bons Protetores;[9] e ele via
Que a santa piedade residia
Naquela Ilustre Casa, como em Templo: 45
Ele mesmo se olhava como exemplo
Desses que, noutra parte desgraçados,
Ali se viram logo afortunados.

    Já com a falsa máscara de amigo,
Quem não o fora, quando o viu mendigo,   50
Lhe fazia visitas dilatadas,
Via as portas abertas que fechadas
Tinha achado co'a mísera pobreza.
A que não precisava lauta mesa
Ansioso um e outro lhe oferecia,   55
Já sua alegre Musa mais se ouvia:
Tinha nos olhos seus secado o pranto
E da boca soltava o doce canto
A que todos gostosos se chegavam

---

esta situação. É muito provável que isso se passe no segundo semestre de 1775 ou início de 1776.

[8] Caldas Barbosa era protegido de Antônio José de Vasconcelos e Sousa Câmara Caminha Faro e Veiga e Mariana de Assis Mascarenhas, condes da Calheta e marqueses de Castelo Melhor.

[9] A família Vasconcelos e Sousa, apresentada como mecenas de diversos artistas.

A Doença — Canto I

E as fáceis cantilenas decoravam   60
Que ele tinha composto e repetido:[10]
Era honrado de muitos e aplaudido:
Nas Assembleias grandes e pomposas
Um pedia as cantigas, outro as glosas,
E em contínuas honestas companhias   65
Passava, eu já o disse, alegres dias.

Mas a Deidade bárbara e tirana
Que gosta de afligir a gente humana,[11]
Que se ceva do pranto dos mortais
E a quem alegra o som de tristes ais   70
E o eco de tristíssimos gemidos,
Por quem os homens são ao alto erguidos
E em um momento são precipitados,
Que tem duros Ministros preparados[12]
Para que a seu capricho os atormentem   75
E novos modos de aflição inventem,
Não podendo sofrer tanto sossego,
Fez de todo o rancor um novo emprego
No descansado Caldas; e chamando
De seus Ministros o terrível bando,[13]   80

---

[10] As obras que mais granjearam sucesso a Caldas Barbosa foram canções e improvisos.

[11] A Fortuna, originalmente uma deusa benfazeja na mitologia clássica, se converte na Idade Média em divindade caprichosa que torna o destino humano incerto. É esta ideia de Fortuna que Caldas Barbosa usa ao longo de *A Doença*.

[12] Os Vícios — uma das tarefas da poesia no século XVIII era ensinar valores morais ao público leitor. A recomendação era retirada da "Epístula ad Pisones" de Horácio, também conhecida como "Arte poética", em que se estabelece o princípio "ut docere, ut delectare" ("para ensinar e para deleitar").

[13] Esta reunião é uma paródia das diversas epopeias clássicas, nas

Sentada sobre o trono sanguinoso
Que é aos pobres mortais sempre horroroso,
Dando a beijar a pala do Coturno,
Ordena que se assentem por seu turno
E, irosa, a um e outro o dedo aponta   85
E quer lhe deem de seus ofícios conta.

Depois de dar sinal de vassalagem,
Mofadora e voraz Libertinagem,
Mãe dos vícios cruéis que em poucos anos
Destroem honra e vida dos humanos,   90
Soltando a voz do tremebundo peito,
Assim conta os progressos que tem feito:

"Ó árbitra do Mundo, que dispendes
Os bens e os males quando a mão estendes,
Que nos rege a nós, que nos governas   95
Por imutáveis leis do Fado, eternas:
Mandaste, e eu espalhei por toda a terra
Meus filhos a fazer-lhe acesa guerra.

"Este (e a um apontou, que está sentado
Imediato a ela, ao destro lado),[14]   100
Este que vês, o monstro das torpezas,
Tem milhões d'almas nos seus laços presas,
Traz os homens aflitos, devorados
Por tristes e ardentíssimos cuidados,

---

quais os deuses se reúnem para decidir os destinos do herói cujos feitos são
narrados. O modelo mais evidente de Caldas Barbosa é *Os Lusíadas* de
Camões: "Quando os Deuses no Olimpo luminoso,/ Onde o governo está
da humana gente,/ Se ajuntam em concílio glorioso,/ Sobre as cousas fu-
turas do Oriente" (Canto I, estrofe 20).

[14] O Luxo.

A Doença — Canto I   49

E a mil varões de celebrado nome 105
Entre sórdida chama ele consome.

"Este (apontando ao Luxo), este semeia
Nos vãos mortais aparatosa ideia,
Faz com que o pobre ao rico em fasto imite,
Que um rico a outro rico inveja excite: 110
O orgulho os trastes compra, a fome os vende,
E o teu hábil Ministro então acende
A voraz ambição dos acredores;
Tudo consome enfim, e entre os horrores
Do caos da miséria precipita 115
A multidão de estultos infinita.

"Este, que traz nas mãos cartas e dados,[15]
A mil felizes torna em desgraçados;
Do dinheiro os despoja, e dos vestidos,
E os deixa a mil baixezas reduzidos: 120
Com falsa sorte os faz erguer aos ares
E depois oprimindo-os c'os azares,
Os faz deixar no armado tabuleiro
O fasto e a alegria c'o dinheiro.

"Aos impulsos de minha filha, a Ira, 125
Meio mundo frenético delira
E por coisa bem pouca os vãos mortais
Vão arrancar a vida aos seus iguais.

"A túmida Soberba ao Mundo sai,
Nutre-se em corações que a si atrai; 130
E os homens, esquecendo o antigo barro,

---

[15] O Jogo.

Sobem gostosos ao brilhante carro:
Dali o seu orgulho eles celebram,
Mas ou c'o peso as fracas rodas quebram
Ou tanto de os sofrer ela se enoja, 135
Que os mesmos que elevou ao chão arroja;
Tu os verás, as honras procurando
E em fumosas fantasmas tropeçando.[16]

"Todos os mais meus filhos e os sequazes,
Que tens à tua vista, são capazes 140
De quanto lhe ordenares: sim, dispõe
Qualquer estranha empresa, as leis impõe,
Tu prontos nos verás ao teu aceno
Ir derramar o lívido veneno
Com que os fracos mortais são corrompidos; 145
E cedo chegarão aos teus ouvidos
Os seus dolorosíssimos clamores.

"Eu, tomando fingidos resplendores
Da pura e da inocente liberdade,
Trarei a inesperta mocidade, 150
De mal seguros e de incertos passos,
A quantos sei armar terríveis laços:
Dos mais que mudar sabem forma e gesto,
Confia, ó Nume, sim, confia o resto."

A Deusa vária, os olhos revolvendo, 155
Desgrenhados os cabelos e mordendo

---

[16] Rafael Bluteau registra no seu *Vocabulário português e latino*, em 1713, "fantasma" como palavra feminina: "Fantasma é a representação de alguma figura, que aparece por arte mágica, ou em sonho, ou por fraqueza da imaginação".

A Doença — Canto I

Os beiços, lança a vista a toda a sala,
Impõe silêncio e desta sorte fala:

"Nos volumes fatais, que têm descritos
Quantos por vossas mãos têm sido aflitos,   160
Não leio os grandes nomes duns mortais
Que eu desejara confundir com os mais:
Pusilânimes vós, a vossa empresa
É invadir a mísera fraqueza
Dos mais débeis humanos, quando aos fortes   165
Não dirigis as hórridas coortes,
E é quando as dirigis tão fracamente
Que de vós não faz caso o herói prudente.

"Inda um fraco mortal que eu perseguia[17]
E a amiudados golpes afligia,   170
Em quem as aflições eu ensaiava
Que para os outros homens preparava,
De vós o confiei, e este inimigo
Das mãos vos escapou; tem como abrigo
A casa do Ilustríssimo Calheta[18]   175
E ali zomba esse mísero Poeta[19]
(Como de parte a meu poder isenta)
Da minha lei horrível e cruenta,
E até chega a julgar parte segura
Ao invencível braço da ventura.   180

---

[17] Referência aos eventos que serão narrados no Canto III.

[18] Antônio José de Vasconcelos e Sousa (15/2/1738-6/6/1801), 6º
Conde da Calheta e 2º Marquês de Castelo Melhor, um dos protetores de
Caldas Barbosa.

[19] O próprio Caldas Barbosa.

"O nome Vasconcelos sempre aclama,
Mofa do meu poder e até me chama
Uma quimera vã, uma impostora,
E nem roga os meus dons e nem me adora,
Sofreis (que horror!), sofreis estes insultos[:]   185
Zombar de vós e a mim negar-me os cultos!

"Os mesmos Vasconcelos que o abrigam,
Os mesmos Vasconcelos, sim, que o digam,
Se não sofreram a pesada e dura
Mão cruel da malévola ventura   190
Quando depus de junto ao trono augusto
O seu grande Luís,[20] cheio de susto,
E fiz que estranho asilo mendigando
Reconhecesse o meu poder e mando?
Ide daqueles lares arrancá-lo[21]   195
Ou junto aos Protetores devorá-lo,
De diversas paixões trazê-lo aflito,
Eu vo-lo mando assim; mais não repito."

Ouvindo o nome só de Vasconcelos,
Tornam-se enfiados e amarelos   200
Todos os vícios, todos murmuraram
E à arriscada empresa se negaram.

---

[20] Luís de Vasconcelos e Sousa (1636-15/8/1720), 3º Conde de Castelo Melhor, bisavô dos protetores de Caldas Barbosa. Desempenhou papel importante na restauração da autonomia portuguesa que durou de 1640 a 1665, depois dos 60 anos de anexação à Coroa espanhola. Foi primeiro-ministro de D. Afonso VI até ser exilado na Inglaterra. Não confundir com seu bisneto Luís de Vasconcelos e Sousa (1742-1809). Aqui Caldas Barbosa faz uma genealogia dos Vasconcelos ilustres.

[21] Ao Caldas.

Então eu vi alçar-se espectro informe[22]
De hórrido aspecto e de uma voz enorme:
Ornam poucos cabelos a cabeça   205
E da mirrada testa lhe começa
Na borbulhosa pele uma cor pálida,
Uns encovados olhos, barba esquálida,
Da carcomida boca respirando
Um hálito pestífero e nefando;   210
Corpo escarnado e pernas, braços, pulsos
Em movimentos trêmulos convulsos,
Que na mirrada destra tem pendente
Cofre de males com que aflige a gente;
E este monstro mortífero, hediondo,   215
Da mão esquerda o dedo à boca impondo,
Mais serenando a triste catadura,
Dirigiu estas vozes à ventura:

"Qu'árdua empresa propões? quanto se engana
Quem não distingue a vaga gente humana!   220

"Tu misturas os seixos c'os diamantes,
Os homens fracos c'os varões constantes,
A quem não faz a sorte que se mude
A paz, que n'alma põe a sã virtude.

---

[22] A Doença, que só será nomeada no verso 308 — aqui Caldas Barbosa usa elementos retirados da descrição que Camões faz do Gigante Adamastor: "Não acabava, quando uma figura/ Se nos mostra no ar, robusta e válida,/ De disforme e grandíssima estatura;/ O rosto carregado, a barba esquálida,/ Os olhos encovados, e a postura/ Medonha e má e a cor terrena e pálida;/ Cheios de terra e crespos os cabelos,/ A boca negra, os dentes amarelos" (*Os Lusíadas*, Canto V, estrofe 39).

"João Rodrigues[23] e Luís de Vasconcelos[24]   225
E outros da mesma estirpe são modelos
Daqueles que não creem nos teus prazeres
E desprezam (eu sei) os teus poderes.

"Lembra-me quando acerba, fulminante,
Contra o grande Luís,[25] que desterraste   230
Da amada Pátria, que lhe deve tanto;
Porém tu mesma viste com espanto,
Confessa-o, sim, confessa, não te cales,
Tanto estimou teus bens como os teus males.

"A paz constante que o seu peito encerra,   235
No soberbo teatro de Inglaterra
Admiram os Lords; a Catarina[26]
Ele é que evita a última ruína.
Rei enganado,[27] deves confessá-lo,
Ninguém soube melhor ser bom vassalo.   240

---

[23] João Rodrigues de Vasconcelos e Sousa (1593-1658), 2º Conde de Castelo Melhor e Governador-Geral do Brasil de 1650 a 1654.

[24] Referência ao 3º Conde de Castelo Melhor (1636-1720). Ver nota 20.

[25] Idem.

[26] Catarina de Bragança (25/11/1638-31/12/1705), filha de D. João IV, casou-se com Carlos II em 1662, tornando-se rainha da Inglaterra, Escócia e Irlanda até a morte do rei em 1685. Luís de Vasconcelos tomou parte importante nas negociações para que a viúva católica, que sofreu muita hostilidade por parte dos protestantes, pudesse voltar a Portugal.

[27] Luís de Vasconcelos conseguiu levar um sacerdote católico ao leito de morte de Carlos II e fazê-lo confessar-se e receber a extrema-unção católica.

A Doença — Canto I   55

"Conhece e vê, confusa Cartagena,
No gesto de João a paz serena?[28]
Pudeste reduzi-lo a vil tormento,
Mas nem por um brevíssimo momento
Fizeste que piedade te implorasse; 245
Nem muda o coração nem turba a face
Teu lisonjeiro prêmio ou teu castigo:
Da sua honra e sua Pátria amigo
Só procura servi-la, não procura
Os bens falsos que dá cega ventura. 250

"Duro rochedo que jamais se move
Inda que o mar sobre ele as forças prove,
Sempre às raivosas ondas resistindo,
As vê em branca espuma aos pés caindo:
Assim o herói constante a quem intentas 255
Render com mil paixões duras, violentas,
Que a vencer resistindo se costuma,
As vê desfeitas, como o mar na espuma.

"Os que queres vencidos são da casta
Dos que sabem vencer-te; isto nos basta: 260
Defende a Ilustre Casa[29] a sã virtude.
Qual dos vícios, qual é, por mais que estude,
Qu'empeste aqueles lares que ela guarde?

---

[28] João Rodrigues encontrava-se em Cartagena das Índias (Colômbia) quando teve início a revolução de retomada do poder português em 1640 e foi preso. As negociações de D. João IV para libertar os nobres portugueses daquela cidade falharam, então João Rodrigues planejou apossar-se de quatro navios carregados de prata e fugir para Portugal. O plano foi descoberto e os prisioneiros, condenados à morte. Entretanto, uma nova embaixada de D. João IV conseguiu negociar e finalmente libertar os nobres portugueses.

[29] A casa da família Vasconcelos.

E da brilhante facha a luz que arde
Que disfarce haverá que o vício oculte   265
Que ela não o conheça e não o insulte?
Quantos vivem ali vivem isentos
Dos inquietos vícios turbulentos,
Nem podem empestar vizinhos ares,
Quanto mais atrever-se aos próprios lares.   270

    "Vê Antônio e José e Luís:[30] todos
Que escarnecem de ti por vários modos,
Que te arrancam das mãos os infelizes[31]
Dando-lhe, a teu pesar, dias felizes.
Mas não te desconsoles porque eu tenho   275
Forças para servir-te ao desempenho;
E se os vícios não podem, eu bem posso
Atormentar o abrigado moço.[32]

    "Por uma lei geral da Natureza,
Eu não respeito cargos nem grandeza,   280
O cortesão aflijo e o vilão rude,
O que tem vícios, o que tem virtude;
Companheira da Morte e precursora,
Onde mora o Pastor, onde o Rei mora,
Tenho um ingresso livre e livre passo: 285
Todos tremem de mim quando ameaço

---

[30] Estes são os três filhos varões de José de Caminha Vasconcelos e
Sousa Távora Faro e Veiga (1706-1769): Antônio José de Vasconcelos e
Sousa Câmara Caminha Faro e Veiga (1738-1801), José Luís de Vascon-
celos e Sousa (1740-1812) e Luís de Vasconcelos e Sousa (1742-1809),
contemporâneos e protetores de Caldas Barbosa.

[31] Alusão ao grupo dos diversos protegidos dos Vasconcelos, do qual
Caldas Barbosa fazia parte.

[32] Domingos Caldas Barbosa.

E entrego facilmente à dura Morte,
Fracamente expirando, o que foi forte.

"Porei os quatro humores em desordem[33]
E os Físicos[34] farei que não concordem
Vendo o meu diversíssimo semblante,
Farei que exale a vida em um instante.

"Porém, se o queres ver mais lentamente
Atormentado, aflito, descontente,
Eu o trarei das mãos da Medicina
À Cirurgia, que inda é mais ferina,
Muito mais carniceira e mais tirana,
Bem que livre assim mais a gente humana.

"Ela com duro ferro aparta e corta
O mal que a meu aceno o corpo aborta.
Tenho pequenas chagas e maiores,
Sempre asquerosos, túrgidos tumores,
Que a meu gosto, a meu capricho, espalho
E dão, com longa dor, longo trabalho."

Ia mais a dizer, mas a Fortuna,
A quem a dilação era importuna,
"Tumor, Tumor" gritou e sem detença
Foi abraçar a pálida Doença:

---

[33] Segundo a teoria de Hipócrates, que foi continuada por Galeno, os quatro humores (colérico, melancólico, sanguíneo e fleumático) poderiam afetar a saúde das pessoas. Alguém estaria saudável quando esses humores estivessem em equilíbrio e doente quando desequilibrados, cabendo aos médicos (físicos) tentar reequilibrá-los.

[34] Os médicos.

Depois de se mostrar agradecida,
Recomendou-lhe que apoucasse a vida
Do sossegado Caldas, e aos mais vícios
Mandou continuar duros ofícios:
As ordens recebidas respeitaram
E em um instante ao Mundo revoaram.

310

314

CANTO II

Enquanto isto se passa na horrorosa
Assembleia da Deusa caprichosa,[35]
O Caldas sossegado prosseguia,
Co'o favor de Terpsícore e Talia,[36]
A cobrir mil papéis de escritos versos   5
Que em várias casas, várias mãos dispersos,
O seu nome espalhando pela Corte
Mais conhecido o fazem desta sorte.

No meio dos Noronhas e Meneses[37]
E outros muitos Ilustres Portugueses   10
Até aos pés do Rei[38] fora levado:
Piedoso o tinha ouvido e tinha honrado,
E o repentino influxo de uma Musa
Que a socorrer-lhe o estro não se escusa

---

[35] Referência ao Concílio dos Vícios, promovido pela Fortuna, narrado no Canto I.

[36] Musas, respectivamente, da Dança e da Poesia Cômica.

[37] Famílias nobres portuguesas que remontam, respectivamente, aos séculos XIV e XII.

[38] O rei D. José I (1714-1777), que reinou a partir de 1750. A última audiência pública do rei foi concedida em 1775.

A Doença — Canto II

Lhe tinha felizmente granjeado   15
Geral estimação, geral agrado.

Já em casa o recebe o grande Angeja:[39]
Ouve-o, aplaude, estima e faz que veja
Da natureza os próvidos segredos;
O que cria nas águas, nos penedos,   20
Pelos campos, nas Árvores, na areia:
Mostra-lhe a grande sala, ornada e cheia
De quanto ela produz, mais raro cria,
Grão matéria à sutil Filosofia.[40]

O grande Marialva[41] atento o escuta   25
E o admite a ver a força astuta
Com que doma ardentíssimos cavalos:
Com pesado bridão vê subjugá-los:
O ensino quanto pode! rege os passos
E faz mover com ordem pés e braços   30
Já vagaroso o bruto e já ligeiro
E fixa o corpo airoso ao Cavaleiro.
Ali os filhos vê, e vê um filho,
Porque me encho de pasmo e maravilho,
Sobre um bruto correr num pé firmado,   35
Sentar-se, erguer-se em salto equilibrado,
Abandonar as rédeas e, firmando
Um pé sobre outro bruto, ir galopando,

---

[39] Pedro José de Noronha Camões de Albuquerque Moniz e Sousa (1771-1804), 7º Conde de Vila Verde e 5º Marquês de Angeja, que introduziu Caldas Barbosa ao rei.

[40] Entusiasta das ciências naturais, o Marquês de Angeja tinha um jardim botânico em seu palácio.

[41] Pedro José de Alcântara de Meneses Noronha Coutinho (1713-1799), 6º Conde de Cantanhede e 4º Marquês de Marialva.

Arremessar maçã, ao ar tomá-la
Qual destra mão em uma imóvel sala.[42]   40

Os Val de Reis[43] piedosos o agasalham
E a qual mais há-de honrá-lo eles trabalham:
Santa benignidade, tu assistes
Naquela Ilustre Casa; os que vão tristes
Com teu afável rosto consolados   45
Tu fazes esquecer males passados,
Tu santificas desta Casa os lares
E ali dentro é que tens puros altares.
Do raro, do exemplar José Maria,[44]
Aí o Caldas goza a companhia   50
E ali achou porque melhor estude
Modelos de ciência e de virtude.

Cem casas da grandeza Lusitana
Lhe abrem as portas. Ínclita Joana,[45]
Sempre ao aflito tens a tua aberta;   55
Feliz aquele que com ela acerta.
Irmã de Irmão a que ele deve tanto,
Não digo mais por não mover-te a pranto;

---

[42] Os jovens Marialva eram conhecidos por suas ações destemidas. William Beckford escreve que, em 1787, "D. Duarte [um dos filhos], cheio de vida e d'alegria, pendurou-se do peitoril da varanda, e esteve suspenso alguns instantes de forma tal, que poria em convulsões de terror a mãe e as aias, se assim o vissem. Os pobres, que não tinham nada que fazer enquanto não chegava Sua Majestade, pareciam deleitar-se muitíssimo com esses rasgos de agilidade".

[43] Família criada por Filipe II de Portugal (IV de Espanha).

[44] José Maria de Mendonça e Moura, 7º Conde de Vale de Reis.

[45] Ou a irmã do 7º Conde de Vale de Reis, ou Joana Isabel de Lencastre Forjaz, cujo salão Caldas Barbosa frequentou.

A Doença — Canto II   63

E se eu não solto aqui altos clamores
É que te enfadas Tu dos teus louvores. 60

Mil outras Casas nobres discorria
Sempre em prazeres, sempre em alegria,
De humanos interesses não cuidando,
Ora embocando a tuba,[46] ora cantando
Ao som da lira[47] simples cantilena 65
Que lhe inspirava a fluida camena.

Os vícios, que em seu dano vigiavam,
Mil laços, mil ciladas preparavam
Onde o moço inesperto lhe caísse
E o gosto da fortuna se cumprisse: 70
Roaz murmuração perdê-lo intenta:[48]
C'os fabulosos crimes que lhe inventa:
A iníqua inveja em destruí-lo estuda;
Mas além da inocência que o escuda
Tem do bom Protetor[49] o forte braço 75
Que evita o golpe e desenreda o laço.

Mas a destruidora insaciável,[50]
Da saúde dos homens implacável,
Que tinha ao fero Nume[51] prometido

---

[46] Instrumento associado à poesia épica.

[47] Instrumento associado à poesia lírica.

[48] Intriga ainda não identificada, mas que teve importância na carreira de Caldas Barbosa, uma vez que é também descrita em "Desafogo do Estro", poema publicado no tomo I do *Almanak das Musas*, de 1793.

[49] Antônio de Vasconcelos.

[50] A Doença.

[51] A Fortuna.

De o afligir e o tinha perseguido,   80
Todo o sereno ar que o rodeava
A imperceptível sopro envenenava
E sobre o são manjar que ele comia
Pestífero veneno ela esparzia;
Ela inflamava mais o quente Estio   85
E esfriava mais o Inverno frio.

Quando o seco Verão desce do trono
A que entre pardas nuvens sobe o Outono:
Quando para o Inverno o ar se ensaia
E toca dentre a calma e frio a raia,   90
De manhã queima o Sol, de tarde os ventos
Sempre inquietos, sempre turbulentos
Esfriam quanto ardeu na calma intensa;
Que então é que a maléfica doença
As suas presas faz; num destes dias   95
Sente frios os pés, sente as mãos frias
O Caldas: nem bater já sente o pulso:
Fria horripilação o tem convulso:
Por três horas a sofre e de repente
Espalha a adusta febre a chama ardente   100
Pelos cansados membros; e ele, lasso,
Já não podia dirigir o passo:
Saboroso manjar lhe causa tédio;
Sabe que tem um mal, pede o remédio.

Rodrigo,[52] liberal, quanto te deve   105
Este moço infeliz: a mão que escreve
Treme a escrever teu nome, esta mão grata

---

[52] Provavelmente outro nobre que protegeu Caldas Barbosa, quem sabe Rodrigo de Sousa Coutinho, membro da Academia das Ciências de Lisboa.

A Doença — Canto II   65

Que encheste tantas vezes de ouro e prata;
Esta mão que tocou a mão benigna
De um mais feliz bastão,[53] mais própria e digna: 110
Treme e fraqueja, enfim, e quando insiste,
Prende-lhe os dedos a saudade triste.

Rodrigo, liberal, faz que se veja
A doença qual é: o velho Beja,[54]
Que das sulfúreas águas, férreas, quentes,   115
Regula sábio às precisadas gentes
Os banhos salutíferos, que os cura
De laxa frouxidão ou crispatura:
Que torna o movimento a imóveis braços
E que a mirrados pés segura os passos: 120
Que sabe o nome às ervas e às raízes,
Inda de remotíssimos Países;
Que às várias queixas sabe os nomes todos,
Diversas curas, de diversos modos,
Deixa para ver este os mais enfermos,   125
Toma-lhe o pulso e fala nestes termos:

"Está túmida a veia; o sangue encalha
Entre os canais, a máquina trabalha
Desordenadamente, retrocede
O sangue, encontra coisa que o impede: 130
Sangre-se em pé e braço: este volume
Vamos diminuir: o meu costume
É sangrar, diluir dá logo alívio;

---

[53] Metonímia do rei, que tem o bastão da Justiça.

[54] Provavelmente um médico importante da Corte, responsável pelas águas termais, quem sabe médico da própria rainha Maria I.

Assim Galeno,[55] Hipócrates,[56] Baclívio,[57]
Assim o Etmulero,[58] Assim Boerhave,[59]   135
E o seu Comentador profundo e grave;[60]
Todos mandam assim." Disse e receita,
E uma e outra sangria é logo feita.

Cede o mal aos remédios; deixa o leito
Fraco o doente, pálido e desfeito,   140
Já contava este mal como vencido
Quando de outra se vê acometido.
Maligno humor na esquerda espádua junto
Lhe dá que imaginar, que temer muito.
Eleva-se o Tumor; já não se encobre   145
Com o vestido, aos olhos se descobre:
Nova aflição tornou e susto novo:

---

[55] Aelius ou Claudius Galenus (129-210 d.C.), mais conhecido como Galeno de Pérgamo, um dos mais importantes médicos, cirurgiões e filósofos do Império Romano. Foi referência fundamental para a medicina da Idade Média e do Renascimento.

[56] Hipócrates (460-370 a.C.), médico grego, considerado o "pai da medicina".

[57] Gjuro ou Giorgio Baglivi (8/9/1668-15/6/1707), médico e cientista italiano de origem croata. Publicou cinco livros sobre medicina que seriam extremamente influentes nos dois séculos seguintes.

[58] Michael Ettmüller (26/5/1644-9/3/1683), médico alemão que gozou de grande reputação como professor e escreveu vários tratados de medicina e química.

[59] Herman Boerhaave (31/12/1668-23/9/1738), naturalista, humanista e médico de fama internacional. Foi reconhecido como um dos criadores do ensino moderno de clínica médica e como um dos criadores dos modernos hospitais. Às vezes é chamado o "pai da fisiologia".

[60] Alusão ou a Albrecht von Haller (16/10/1708-12/12/1777), anatomista suíço, também chamado "pai da fisiologia", ou a Antônio Nunes Ribeiro Sanches (7/3/1699-14/10/1783), um dos principais defensores da doutrina de Boerhaave na Universidade de Coimbra.

Da mesma sorte que o cansado povo,
Que o destroço sofreu da dura guerra
Que inda há pouco deixou em paz a terra,   150
Quando anunciam que é vizinha a fome,
Cheio de angústias ouve o fatal nome;
Angustiado o moço assim ouvia
O do horrível Tumor que aparecia.

Precedido não vem de acerbas dores,   155
Companheiras fiéis de outros tumores;
Traz o pálido susto só diante
Que faz perder a cor, mudar semblante
Ao enfermo infeliz e as alegrias
Faz transformar-se em tristes agonias.   160
Foram os destros na arte consultados,
Recrescem os vivíssimos cuidados,
Que a causa do mal e qual a origem
Todos querem saber, nada coligem.

A horrível inimiga[61] sempre ao lado   165
Tinha o Tumor funesto reforçado,
Fazia vacilar os Professores;
E enchendo os vãos discursos de temores,
Fazia não acharem a segura
Estrada onde encontrar remédio e cura.   170

Homem de santa vida e humilde roupa,[62]
Que diz que a mil mortais os sustos poupa
Co'o fogo virtual da Medicina,[63]

---

[61] A Doença.

[62] Pessoa ainda não identificada.

[63] O Cáustico, método de tratar doenças de pele queimando-as. Foi

Derreter os humores determina:
Viu-se o cáustico ardente então crestando   175
A empolada pele e ir baixando
O túrgido Tumor e liquidar-se
E o desejado efeito começar-se.

Teve o aflito Caldas firme crença
No bom remédio: a lânguida doença   180
Quase que via de uma vez vencida,
Livre o seu corpo e dilatada a vida.

Por um pouco se aparta a vil contrária
'Té ao sólio voou da Deusa vária,[64]
Fazendo o seu ludíbrio manifesto   185
Trouxe de entre os acasos um funesto
Que de junto do enfermo o Padre afaste
Antes que ele o Tumor destrua e gaste.

Já não tem o Tumor quem o rebata,
Mais pela frouxa espádua se dilata   190
Na adiposa membrana faz estrago,
Vai congregando a si mais humor vago
E em células guardando-o faz que tema
Quem de o vencer a ferro tem sistema.

Não se pode explicar quanto cuidado   195
Aos pios Protetores[65] tem causado
A indomável moléstia; tentam tudo:

---

duramente criticado por Luís Antônio Verney no *Verdadeiro método de estudar*, publicado em 1746.

[64] A Fortuna.

[65] A família Vasconcelos.

Quem tem experiência ou tem estudo
Se chama, se consulta com presteza,
Nem se poupa o trabalho nem despesa: 200
Abertas sempre as bolsas e a gaveta,
Querem comprar a vida ao seu Poeta.

A clemente Piedade oficiosa,
Que assiste em paz e escolhe gloriosa
Seus raios espalhar, nítidos, belos,   205
Na Casa dos Ilustres Vasconcelos;
E que do coração do Ilustre Conde[66]
A todos aparece e não se esconde;
Que é ali aplaudida e procurada
De tanta e tanta gente desgraçada;   210
Que dá pronto remédio, que socorre
A todo o que prudente ali recorre;
Que a mais de mil mortais veste e sustenta
E sempre os benefícios acrescenta;
Que as lágrimas enxuga aos afligidos   215
E faz parar clamores e gemidos;
A clemente Piedade se doía
Do mal que o triste Caldas padecia:
Os ares trilha a cândida virtude
E onde mora a benéfica saúde   220
Rápida chega: as lúcidas estrelas
Eram guardas da porta, por entre elas
Entrou no santo asilo em que sossega
A grande Deusa que aos mortais se nega,
Depois que em mil torpezas enlodados   225
Têm por seu gosto os corpos empesteados;

---

[66] Antônio José de Vasconcelos e Sousa.

Depois que a voraz em iguarias[67]
Venenos espalha às ledas companhias;
E o suave licor de louro bago
Leva o homem gostoso ao seu estrago;   230
Depois que a gente enfim dela zombava
E aos vícios os seus dias entregava:

Ali, em alto trono levantado
Co'as alegrias dum e doutro lado,
Em tranquilo sossego ela se via   235
Quando a terna Piedade assim dizia:

"À pressa, à pressa, voa, vem, reparte
Teus dons c'um pobre aflito que a implorar-te
Manda co'a voz o último suspiro:
Basta já de descanso e de retiro,   240
Acode a quem te busca, Amiga, eu venho
Porque em salvar os míseros me empenho.

"Na virtuosa Casa em que eu habito[68]
De teu socorro agora necessito:
Um, que é dos Vasconcelos protegido,   245
Se vê barbaramente perseguido
De um terrível tumor, nem tem defensa
Contra o braço da hórrida doença;
Ela intenta perdê-lo e eu intento
Libertá-lo do mísero tormento;   250

---

[67] A métrica não parece correta. O exemplar da Biblioteca Brasiliana do Instituto de Estudos Brasileiros da Universidade de São Paulo, que pertenceu a José Mindlin e, antes, a Rubens Borba de Morais, apresenta uma anotação não muito legível que modifica o verso: "Depois que a voraz [bela] em iguarias".

[68] A Piedade habita entre os Vasconcelos.

Porém se o teu poder o não socorre
Não tem remédio, o desgraçado morre."

Uma e outra baixou do sacro asilo
A ver o enfermo, e viam oprimi-lo
Com o pesado susto os sonhos vagos,   255
Mostrando ao longe horríficos estragos
Que havia padecer seu corpo lasso
Dividido um pedaço e outro pedaço:
Um lhe mostra o sepulcro quase aberto
E faz ver o seu fim vizinho e certo.   260

Mas tanto que saúde à terra desce,
O falaz sonho vão desaparece
E outro sonho, nutrido de alegria,
Vem animar a frouxa fantasia:
Mostra a doce amizade que lhe acode   265
E a benigna Piedade quanto pode
E entre alegres ideias revoando,
O aflito coração vai confortando,
Já se espera o remédio e a melhora;
Porém o como e quando inda se ignora.   270

Com doces esperanças consolado
Se julga o Caldas menos desgraçado:
Outra vez sua lira se escutava
E a triste Musa alegre se tornava:
Torna a soar do Tejo sobre as bordas   275
A voz sonora das vibradas cordas:
Louva Ilustres varões, raras belezas,
E faz fugir as lânguidas tristezas.

Um dia, quando ao som de doce avena
Cantava Americana Cantilena[69]   280
Por entre a gente que a ouvir se ajunta,
Moço alegre rompeu, que lhe pergunta
Se é ele o mesmo Caldas Brasileiro
Que tem por Pátria o Rio de Janeiro,
Filho já de outro Caldas nomeado   285
Que morrera infeliz, vivendo honrado.

Então fluidas lágrimas correram
Dos olhos de ambos e as palavras eram
De importunos soluços impedidas,
Nem terminadas bem, nem entendidas.   290

Um pouco se sossegam, e tomando
O bom Patrício então um tom mais brando,
Diz que saber deseja o que passara
Depois de ter deixado a Pátria cara:
Com os ouvidos a atenção é pronta   295
E o Caldas prontamente os casos conta.   296

---

[69] Uma modinha. Caldas Barbosa é uma das figuras mais importantes na história da introdução deste gênero de canção em Portugal. Na segunda metade do século XVIII o gênero foi extremamente popular, sobretudo na corte da rainha Maria I.

CANTO III

"Ao depois que deixei do Novo Mundo[70]
O mais grato País e o mais fecundo
Que ao Ilustre Cabral,[71] náufrago incerto,
Foi por quem tudo sabe descoberto:
Ao depois que deixei o continente 5
Onde o ardor Febeio[72] inda é mais quente
E a equadora linha atravessando
Vim em côncavo lenho suportando
Diversos ventos e diversos mares
A ver da Europa os temperados ares;[73] 10
No meio de sessenta curvas quilhas,
Deixando à esquerda as aprazíveis Ilhas,[74]
Cheguei enfim à ínclita Lisboa
De quem a fama tanta glória entoa

---

[70] A personagem Caldas assume a voz da narrativa neste Canto III, num procedimento típico das epopeias clássicas.

[71] Pedro Álvares Cabral chegou ao Brasil em 22 de abril de 1500.

[72] Febo, na mitologia clássica era o deus do Sol, por isso o "ardor febeio" é o calor do sol.

[73] Caldas Barbosa chega a Portugal no ano de 1763 para estudar na Universidade de Coimbra.

[74] O Arquipélago do Açores, que fazia parte da rota dos navios que iam do Brasil a Portugal.

E a fortuna cruel de que eu fugia 15
Eu vi que sempre ao lado me seguia.

"Em vão, amigo, em vão tentei vencê-la,
Sempre me aflige, sempre me atropela.
Sinistra, me tem ela embaraçado
Que eu sirva ao grande Deus no altar sagrado: 20
Carrega-me do peso da indigência,
Faz que eu desmaie às portas da ciência,[75]
Rouba-me o caro Pai, nem que eu consiga
Sossego e paz consente esta inimiga.

"Pareceu-me que a via menos brava 25
E que livres os passos me deixava:
Ela se me fingia lisonjeira.
Pesava-me inda às vezes a algibeira
Com as áureas medalhas e se ouvia
O som da prata que ela recolhia. 30

"Enquanto assim retine, quanta gente
Amorosa me trata e cortesmente?
Porém quão breve foi a falsa dita,
Não queiras, caro amigo, que eu repita!

"Apenas se publica e se divulga 35
A triste morte de meu Pai, se julga
(E acaso se acertou) que esta orfandade
Me poria em cruel necessidade

---

[75] Caldas Barbosa registrou-se na Universidade de Coimbra em 1763 mas não chegou a cursar as disciplinas devido aos problemas financeiros gerados pela morte de seu pai.

De depender dos mais, e dependente
Pouco me estima a orgulhosa gente.   40

"Mendigo sempre, aflito e desgraçado,
De uns iludido, de outros procurado
E dos mesmos deixado frouxamente,
Vi a inconstância da mundana gente
Que num instante estimam e aborrecem,   45
E os mesmos que trataram não conhecem:
Volúveis homens vãos a que é só grato
O cofre rico, o precioso ornato;
E quando isto findou, depressa finda
A estimação mal começada ainda,   50
Gastou-se c'os vestidos a amizade
Dos falsos com que eu tinha sociedade
E apenas me restava algum amigo
Tão pobre como eu e tão mendigo
Que às minhas suas lágrimas juntando   55
Ia a minha tristeza acrescentando.

"Na Província que cercam Minho e Douro[76]
Muito se estima o dom de Febo louro[77]
E da frase melíflua do Parnaso[78]
Inda se faz apreço e se faz caso: 60
Tu bem sabes que desde a tenra idade
Amei a singular suavidade

---

[76] A região Norte de Portugal se situa entre os rios Minho e Douro,
a que pertencem as cidades de Porto e Braga. Não é província administra-
tiva, mas é uma das regiões mais antigas e tradicionais de Portugal.

[77] Febo, um dos nomes do deus Apolo, é inspirador das artes, mais
especificamente da poesia.

[78] O Parnaso era um dos lugares frequentados por Apolo e pelas no-
ve Musas, inspiradoras das artes.

Das camenas sonoras: e Talia[79]
Co'a harmônica doce melodia
Minha voz, meus discursos, ajudava: 65
Já na silvestre América eu cantava
E ao som das águas do abundante rio,[80]
Inda assoprando em rústico assobio,
Eu fiz que as baças Ninfas[81] me escutassem
E meus incultos versos festejassem.   70

"Valeu-me o dom de Febo,[82] fui ouvido,
Fez-me ser estimado e aplaudido,
E nas margens do Cavado e do Lima[83]
Eu vivi do louvor da minha Rima;
Ali dois Vasconcelos me escutaram,[84]   75
Ali os respeitei, ali me honraram,
Naquele pouco tempo em que descansa
A dura lida da astreal balança[85]
Que eles junto do Douro então sustinham;

---

[79] Ver nota 36.

[80] Referência incerta. O rio mais famoso das Américas é o Amazonas, no qual Domingos Caldas Barbosa nunca esteve; José Ramos Tinhorão afirma categoricamente, apesar de a documentação nos parecer frágil, que o poeta foi soldado na Província do Sacramento, que está no rio da Prata; existe ainda a possibilidade, uma vez que Caldas viveu no Rio de Janeiro, de ser uma referência ao rio da Carioca.

[81] Possível alusão às ninfas da terra, Alseides (bosque), Auloniades (pastos), Leimaquides ou Leimonides (campos), Nepeia (montanhas, vales) e Oreades ou Orodemíades (montanhas, grotas).

[82] Ver nota 77.

[83] Rios que passam pelas cidades de Barcelos e Viana da Foz.

[84] Os irmãos José e Luís de Vasconcelos e Sousa exerciam, por essa época, o cargo de Desembargadores da Relação na cidade do Porto.

[85] Astrea, a constelação de Virgem, é um dos símbolos mitológicos da Justiça, profissão exercida pelos dois irmãos Vasconcelos, descritos nos

E em vez de descansarem, sei que vinham   80
Pela fértil Província passeando
Os costumes dos povos estudando.

"Se este feliz encontro à ideia eu trago,
Lembra-me o coração quanto é pressago:
À sua afável vista sendo exposto   85
Provo a mistura de respeito e gosto:
Quando José nos braços me apertava,
O grato coração me palpitava
E mais se inquietou ao despedir-me,
Como então já querendo prevenir-me   90
Não devia daqueles separar-me
Que haviam proteger-me e amparar-me.

"Um acaso infeliz, que te não conto,
E de cuja memória inda me afronto,
A Lisboa me traz incautamente[86]   95
E entre a gente que vês, vivi sem gente:
Cobriu-me de remendos a pobreza,
Manjares me negou e era a mesa
Em que eu comia o seco e duro pão
A minha mesma enfraquecida mão: 100
Era meu leito, sempre ao sono ingrato,
Dura pedra, e coberta o roto ornato.

"Como desta miséria os mais fugiam
E à importuna voz se ensurdeciam,
Consultando o cansado sofrimento,   105

---

versos seguintes como homens de cultura que investigam a natureza em
viagens de caráter filosófico.

[86] Não foi possível identificar a que evento Caldas Barbosa faz refe-
rência aqui.

A Doença — Canto III   79

Eu usei dum forçado fingimento;
A minha desnudez fingi e creram
Que de um estranho humor desordens eram,[87]
Mudei o humilde tom de desgraçado;
E como não pedia, era escutado.   110
Fácil a sua bolsa franqueava
Quem valer-se da minha inda esperava:
E esta indústria feliz, eu não o nego,
Me restitui às margens do Mondego;[88]
E tanto que cheguei à lusa Atenas[89]   115
Ouvem-me a voz laurígeras Camenas,
Elas me vêm honrar, elas me trazem
Sábios varões que grão mercê me fazem:
Duns, que em purpúreas roupas envolvidos,[90]
De todos respeitados e atendidos   120
São por mão da ciência laureados,
Foram meus brandos versos escutados:
Carregam-me os alegres estudantes
De amorosos assuntos e galantes
Sirvo à sua alegria e seus prazeres,[91]   125
Sou escutado de homens e mulheres;
E como, outra vez digo, eu não pedia,
De mil casas a porta se me abria.

---

[87] Alguma desordem nos humores que causasse a loucura. Ver nota 33.

[88] O Mondego é o rio que corta a cidade de Coimbra.

[89] Como Coimbra é sede da Universidade, é por isso também chamada de "Lusa Atenas", uma vez que é o centro intelectual da nação.

[90] A roupa dos professores era vermelha, enquanto os estudantes vestiam negro.

[91] Caldas Barbosa faz menção ao papel de poeta cortesão e galante com o qual foi identificado por muitos anos.

"Às vezes eu baixava do alto monte
A ver das tristes lágrimas a fonte   130
Da Consorte infeliz do duro Pedro:[92]
Cuido que inda conserva erguido Cedro
O nome de Lereno ali gravado,
Que é nome que me foi na Arcádia dado.[93]

"Às vezes noutra parte se cansava   135
Eco de repetir o que eu cantava:
Ali, soltando os diques de Aganipe,[94]
Mostrei larga torrente ao grande Lipe,[95]
Não me deixa sem prêmio o Conde grato,
Dá-me por própria mão próprio retrato.   140

---

[92] A "Fonte dos Amores" é, segundo a tradição, resultado das lágrimas do rio Mondego (em *Os Lusíadas*, das donzelas de Coimbra) que chorou a morte de Inês de Castro, amante do príncipe D. Pedro. Inês foi assassinada a mando do rei D. Afonso IV em 1355. Quando assumiu o trono em 1357, D. Pedro I puniu violentamente os assassinos de Inês de Castro, passando por esses e outros atos a ser chamado "Pedro, o Cru" (ou "o Cruel").

[93] Já desde 1777 as publicações de obras de Caldas Barbosa apresentam o pseudônimo pastoril Lereno Selinuntino, afirmando sua pertença à Arcádia de Roma.

[94] Fonte mitológica da Beócia, próxima a Téspis, na base do monte Hélicon, associado às musas.

[95] Referência a Wilhelm, Conde de Schaumburg-Lippe-Bückeburg (9/1/1724-10/9/1777), responsável pelos exércitos portugueses na guerra de 1762 com a Espanha. Depois de assinada a paz em 30 de novembro de 1762, o Marquês de Pombal, primeiro-ministro do rei D. José I, pediu que o Conde permanecesse em Portugal para reorganizar o exército nacional. Von Lippe deixou o país em setembro de 1764, o que situa este encontro narrado por Caldas Barbosa provavelmente na primeira metade deste ano, uma vez que logo adiante ele fala das férias de verão da Universidade.

"Nos certames Poéticos[96] temido
Eu fazia calar-se arrependido
Aquele que soberbo se me opunha
E disto é muita gente testemunha.

"Não ia como muitos preparado   145
Com um métrico enfeite decorado
De palavras pomposas retinintes
Que deixam como absortos os ouvintes
Sem saber o que ouviram: nem levava
Como algum a cabeça que ajustava   150
A todo o corpo vão que ali fazia
E em outros muitos corpos mais servia:[97]
Eram os versos meus ali formados
E aos motes propriamente acomodados:
Assim me ouviu Coimbra e tem ouvido   155
As terras por que eu tenho discorrido.

"Mas quais bens dão os Lusos[98] e qual prêmio
Aos que as Musas recebem no seu grêmio?
Quem os feitos cantou do Ilustre Gama
Só tem depois de morto honrada fama:[99]   160

---

[96] Aqui está uma descrição das práticas poéticas galantes da segunda metade do século XVIII em Portugal.

[97] Alusão aos versos iniciais da "Epistula ad Pisones", de Quinto Horácio Flaco (65-8 a.C.), também conhecida como "Arte poética": "Se um pintor a cabeça humana unisse/ Pescoço de cavalo e de diversas/ Penas vestisse o corpo organizado/ De membros de animais de toda a espécie,/ De sorte que mulher de belo aspecto/ Em torpe e negro peixe rematasse,/ Vós, chamados a ver essa pintura,/ O riso não sofreríeis?" (tradução de Cândido Lusitano).

[98] Os portugueses.

[99] Luís de Camões (c. 1524-10/6/1580) celebrou em Os Lusíadas (1572) as navegações portuguesas, dando destaque para a viagem de Vas-

O bom Bernardes mesmo,[100] o bom Ferreira,[101]
Viram secar-se o ouro na algibeira.
Só dum posso contar, é só Sipilo,[102]
Que vagando também sem ter asilo,
Achou mão poderosa que o erguera   165
Da abatida miséria e que lhe dera
Grata matéria a sonoroso canto:
Feliz Sipilo que merece tanto.

"Enfim fecham-se as portas bronzeadas
Da Casa das Ciências[103] e fechadas   170
Bem pode a estudiosa mocidade
Ir ter aqui e ali onde lhe agrade
Uns meses de preciso útil descanso.
Em vão a um lado e outro a vista eu lanço,
Não me convidam já e os que convidam   175
De que eu aceite a oferta se intimidam:
Assim à gente vã sempre acontece,
O que não gosta dar vaidoso oferece.

---

co da Gama (realizada entre 1497 e 1499). O poeta morreu na miséria, recolhido a uma casa de caridade.

[100] Diogo Bernardes (*c.* 1530-1595), poeta português, autor das *Rimas várias: flores do Lima* (1597) e um dos expoentes do Classicismo em Portugal.

[101] Antônio Ferreira (1528-1569), poeta português, autor de *Poemas lusitanos* (1598) e um dos nomes mais importantes na divulgação do estilo clássico italiano em Portugal.

[102] Antônio Basílio da Gama (10/4/1740-31/7/1795), cujo pseudônimo arcádico era Termindo Sipílio (ou Sipilo), foi protegido do Marquês de Pombal, a quem celebrou indiretamente ao narrar a expulsão dos jesuítas do reino português no poema épico *O Uraguai* (1769).

[103] As férias escolares em Coimbra ocorriam durante os meses de verão.

"Vago por várias Casas e já via
A mísera algibeira estar vazia: 180
Não falta a Providência: eu visto, eu como
E nem eu mesmo sei dizer o como.
De casa em casa incerto, sempre errante,
Consultando dos donos o semblante
Por ver quando os aflijo ou lhes dou gosto,   185
A uma nova miséria estava exposto.

"Pelos campos que lava o bom Mondego,[104]
Sem certo asilo ter, sem ter sossego,
Errava vagabundo: quando um dia
Figura enorme a encontro me saía   190
De eriçado cabelo, acesos olhos
E de escarnadas faces que os abrolhos
Co'a famulenta boca devorava
Nem se sustinha, pelo chão rojava.[105]
Sobressaltei-me ao ver a dura fome   195
Que eu conhecia por figura e nome:
Três vezes quis soltar bramido fero
E fraca apenas disse: 'espero, espero...'
Quando quis escapar-lhe já me via
Seguro pela mão mirrada e fria.   200

"Ali me apareceu (ó Céu benigno!)
Ilustre valedor que era bem digno
De uma mais longa vida e melhor sorte;[106]
E estendendo piedoso o braço forte,

---

[104] A região de Coimbra.

[105] Representação alegórica da Fome.

[106] Provavelmente um nobre que havia caído em desgraça após a
morte de D. José e a subsequente demissão do Marquês de Pombal.

Me arrancou dentre as garras da cruenta   205
Fome que devorar-me a vida intenta.

"Magnânimo infeliz, que lei prescreve
Que eu te negue o louvor que se te deve?
Por que, por gratidão, por minha glória,
Não hei de misturar na breve história   210
Da minha vida a parte que te toca?
Mas eu sinto perder-se a voz na boca:
Deem-te pois meus suspiros e meu pranto
O que não pode oferecer-te o canto.

"Por esta mão piedosa socorrido   215
Sou ao Tejo outra vez restituído:[107]
Por ele a minha Musa ergueu as asas
E foi ouvida nas excelsas casas:
Bem como ele me honrou, eu fui honrado
Dos que haviam meus versos escutado: 220
Mas este Protetor, a um tempo amigo,
Por quem tanta fortuna assim consigo
Porque mais venturoso me não faça
Furta a meus olhos rápida desgraça.

"Se ao menos dos meus olhos, só se ao menos,   225
Longe passasse os dias seus serenos..."[108]

Tentou continuar, bem que se esforça
A soltar as palavras, falta a força,
Ficam as vozes presas na garganta

---

[107] Isto é, Caldas retorna a Lisboa.

[108] O Caldas, personagem que vinha narrando até o momento, desmaia, cedendo a voz poética ao narrador em terceira pessoa que narra a maior parte do poema.

A Doença — Canto III   85

Do seu pesar a veemência é tanta 230
Que o faz cair na terra amortecido;
Palpita o coração agradecido,
Mísero coração de dor estala,
Diz mais quem sente assim do que quem fala.

Depois que mais a angústia se sossega, 235
Com os remédios que o amigo emprega,
Este por divertir-lhe o mal profundo
Conta o que vira pelo vasto Mundo:[109]
Os costumes contou e a lei que tinha
A dura gente do Uraguay vizinha;[110] 240
Descobertas que fez o Povo Hispânico
Junto ao Estreito dito Magelânico;
Quais os vestidos são, quais os semblantes
Dos que têm a estatura dos Gigantes:[111]
Como viera à Corte Portuguesa 245
Ao depois de servir gente Francesa;
Por qual justo motivo a estrada toma
Da cabeça do Mundo, e qual é Roma:
Pinta-lhe os suntuosos edifícios,
Diz os perigos, diz os precipícios 250
Que têm os Alpes, têm os Pirineus
Cuja altura, parece, toca os Céus:
A polidez de França, indústria, enganos,

---

[109] O Amigo, que será identificado no próximo Canto como Adolfo, é quem conta os fatos seguintes.

[110] A província do Uraguai (atual Uruguai), assim chamada devido ao rio de mesmo nome, foi motivo de conflitos entre Portugal e Espanha no ano de 1756, tornando-se assunto do poema *O Uraguai*, de José Basílio da Gama.

[111] Os nativos da Patagônia, perto do Estreito de Magalhães, eram considerados gigantes.

Pinta a soberba vã dos Castelhanos.[112]
Tudo quanto passou, tudo lhe disse,   255
E pediu que outros casos prosseguisse.

E por cumprir com a vontade sua,
Assim o triste Caldas continua:[113]

"Aqueles dois Ilustres Vasconcelos[114]
Que encontrei na frondígera Barcelos,   260
Descendentes de Reis antes de haverem
De Henrique os descendentes e de terem
A Afonso dado os Lusos a Coroa;[115]
Descendentes daquele a quem Lisboa
No seu alto castelo tem o nome[116]   265
Que a Fama guarda, o Tempo não consome:
E daquele que os Mouros assustando,
Brandindo a lança, a espada manejando,
Toma os fuscos rostos amarelos
Mem Rodrigues se diz de Vasconcelos:[117]   270

"Descendentes, e dignos descendentes
De varões sábios e varões valentes,

---

[112] Os espanhóis.

[113] A personagem Caldas assume outra vez a narrativa em primeira pessoa.

[114] José e Luís de Vasconcelos. Ver nota 84.

[115] Henrique (1066-1112) foi Conde de Portucale de 1093 até sua morte. Seu filho, Afonso Henriques (25/6/1109-6/12/1185) tornou-se o primeiro rei de Portugal e em 1139 declarou independente o antigo Condado. A dinastia dos Vasconcelos, entretanto, data de antes, do século IX.

[116] Castelo Melhor, a residência histórica dos Vasconcelos. No tempo de Caldas Barbosa, ainda era chamado "Castelo dos Vasconcelos".

[117] Herói nacional português de quem se diz que teria segurado os portões de Lisboa com o próprio corpo em batalha contra os mouros.

A Doença — Canto III

Qual João, qual Luís, quais outros muitos
Que a doutas penas dão largos assuntos;
A quem não acrescenta mais grandeza 275
Gentil Pelágia de Roã Princesa[118]
Que a eles veio unir-se venturosa,
De Esposo muito digno, digna Esposa.

"Estes bons Vasconcelos que Lisboa
Estima possuir, e a quem entoa 280
O Monstro de cem bocas mil louvores,[119]
Que entre os togados sábios julgadores
Nos seus floridos anos e primeiros
São o pasmo e prazer dos companheiros:[120]
Estes bons Vasconcelos estancaram 285
A fonte das desgraças e me amparam.

"José, o bom José, que as Musas ama
E é das Musas amado, a si me chama.[121]

"Eu não pinto a torrente copiosa
De imensos raros dons que a mão piedosa 290
Espalha sobre mim, ninguém a pinta
Sem que por diminuto falte e minta.
Por ele é que a alegria me aparece
E que a miséria enfim desaparece

---

[118] Princesa da Casa de Rohan (Grã-Bretanha), que casou com um Vasconcelos na Idade Média.

[119] Imagem alegórica da Fama.

[120] Menção à precoce carreira de magistrados de José e Luís de Vasconcelos.

[121] O mais novo dos irmãos.

Dos olhos meus; e em vez da fome escura,   295
Eu vejo da Abundância a formosura.

"E por livrar-me mais dessa inimiga[122]
Do caro Irmão[123] à sombra ele me abriga
E entre os favores seus e os do bom Conde
Às garras da desgraça ele me esconde.   300

"Ali[124] vivo qual vês assim contente,
Lembra-me a Pátria sim, lembra-me a gente
Que participa o sangue que me anima;
Estimo o caro amigo, que me estima,
Inda com eles partirei metade   305
Desta que eu gozo, liberal piedade.
Se eu às vezes suspiro, é meu assunto
O ter perdido um Pai que custa muito;
Mas nem tanto o Pai custa quando o fado
Tem estes Pais[125] aos pobres preparado."   310

---

[122] A Miséria.

[123] Antônio de Vasconcelos, Conde da Calheta, o irmão mais velho de José, que ainda não tinha casa própria.

[124] No Castelo dos Vasconcelos.

[125] Os Vasconcelos.

CANTO IV

Findou a narração e Adolfo[126] (este era
O Patrício fiel que ouvir quisera)
Viu duvidar a alguém da sociedade
De tantos males em tão pouca idade:[127]
Um do outro Patrício se despede   5
E nova ocasião de ver-se pede,
E em vez de uma política expressão,
A alma é que fala, fala o coração.

Adolfo tendo ao Caldas visitado,
É pelos olhos seus certificado   10
Do que dos Vasconcelos já ouvira:
Cantou seus nomes na Latina Lira[128]
Dentre os mesmos escolhe um Protetor,
Começa a sua sorte a ser melhor.

---

[126] Apenas agora é revelado nome do interlocutor do Canto III, introduzido na narrativa ao final do Canto II.

[127] A narrativa de *A Doença* deve passar-se entre 1775 (última audiência concedida pelo rei D. José I, já que foi mencionado no Canto II que Caldas se encontrou com o monarca) e 1776, quando o poeta tinha entre 35 e 36 anos.

[128] Adolfo provavelmente dedicou um poema em latim à família Vasconcelos ou a algum dos irmãos. Ainda não foi possível identificar esta obra.

A Doença — Canto IV   91

Um dia em que os amigos se juntavam[129]   15
E os sucessos da Pátria recontavam,
Recordando mil nomes de Patrícios,
Sua ciência e arte e seus ofícios,
Deram tristes suspiros à lembrança
Do sonoro Filipe,[130] que descansa   20
Entre as almas felizes que rodeiam
O Trono em que as virtudes se premiam;
E dando ao grande Deus santo louvor
Rogará pelo Ilustre Benfeitor,
Pelo Ilustre Calheta[131] que o trouxera   25
Da miserável casa em que vivera
À rica habitação das abundâncias;
Que os sustos lhe poupou, angústias, ânsias,
Caro preço ao sustento e pobre ornato;
E de quem recebeu piedoso trato   30
Na saúde e moléstia, vida e morte;
E que lhe procurou a extrema sorte,
Fazendo orar por ele no Altar Santo
Ação bem digna de memória e espanto.

Deste e de semelhantes benefícios   35
Tinham prática longa os dois Patrícios;
E não só eles falam, mas eu vejo
Que desde o arrogante e rico Tejo
Os louvores de Antônio são mandados
Aos aurífluos rios despenhados   40
Que de altas serras pelo chão se entornam

---

[129] Caldas Barbosa e Adolfo.

[130] Figura ainda não identificada, provavelmente um músico, certamente já falecido.

[131] Antônio José de Vasconcelos e Sousa.

E o Brasil fecundando d'ouro o adornam.[132]
Ali, à sombra de árvores frondentes
Que o Inverno não despe, ouvem as gentes
O amado nome do piedoso Antônio,   45
Digno, e bem digno, do Cantor Ausônio.[133]

Um após de outro dia circulavam,
Entre eles os prazeres revoavam,
Sobre o Caldas as asas estendiam;
Lembranças do passado mal fugiam: 50
Vária conversação e vária gente ᵎ
Lhe absorvem a aflição e já nem sente
O perigo em que está, e canta e dança
Como quem do seu mal não tem lembrança.

A benigna saúde é quem procura   55
Adoçar das ideias a amargura;[134]
Sempre ao lado lhe estava e, por caminhos
Que não compreendem os mortais mesquinhos,
Trata de o escapar ao dano forte
Do Tumor, da Doença, enfim, da Morte.   60

A sua benfeitora mão[135] o guia[136]
A uma não usada companhia

---

[132] Possível referência a poemas encomiásticos dedicados a Antônio de Vasconcelos escritos por autores brasileiros.

[133] Ausônia, antiga província da Itália, é também metonímia de toda a península. O "Cantor Ausônio", portanto, é Públio Virgílio Maro (70-21 a.C.), poeta dos feitos nacionais de Roma na *Eneida*.

[134] Continuação da situação narrada no Canto II.

[135] Da Saúde.

[136] O Caldas.

A Doença — Canto IV

E um mancebo lhe mostra, experiente,
Cuja hábil mão tem salvo a muita gente
De entre as garras da morte ávida e dura,   65
Que arremessa de um golpe à sepultura:
Mancebo que conhece qual se move
A máquina do corpo e como o prove
A solícita sábia natureza
Que a mais pequena parte não despreza.   70
Os passos dirigiu para a amizade
Que assistia dum canto à sociedade,
Declara-lhe os segredos que em si guarda,
Pede-lhe o seu favor e ele não tarda.

A sutil poderosa simpatia   75
Voa por entre a alegre companhia
E ao bom Martins o peito penetrando,
E o do Caldas também, que é terno e brando,
Fez que os dois corações se conhecessem
E a justa estimação ambos se dessem.   80

Deu-lhes as santas leis, deu-lhes o nome
Que o tempo a quem as guarda não consome:[137]
Assim vivem eternos na memória
(Sem que a inveja perturbe a sua glória)
Piritoo e quem por ele ao Orco desce,[138]   85
E o par que entre as estrelas aparece,[139]

---

[137] A Amizade.

[138] Pirítoo, o grande amigo de Teseu, acompanhou-o na descida ao
Hades (ou Orco, na mitologia romana) para sequestrar a deusa Perséfone.

[139] Castor e Pólux, filhos de Leda, também chamados os Dióscoros,
irmãos portanto de Helena e de Clitemnestra, compõem a constelação de
Gêmeos.

O mal aconselhado Parricida[140]
Por quem oferece Pílades[141] a vida;
O grande Eneias,[142] o fiel Acates,[143]
Sempre louvados de facundos vates   90
A que a amizade deu os dons celestes;
E bem como voou o nome destes,
Voe da terra aos últimos confins
De Caldas com o nome o de Martins.

Do Céu aos sacratíssimos arcanos   95
Não chega a fraca vista dos humanos
E as obras da Divina Providência
Não pode prevenir mortal ciência.

Mutuamente um a outro visitando
Vão a nova afeição mais entranhando;   100
E um dia, porque em muitos se não viam,
Um para o outro os braços estendiam,
Topam os de Martins num corpo estranho
E ele pasmou de achar tumor tamanho.
Vacilando assustado o amigo inquire;   105
Vê: e bem que a grandeza o pasme e admire,
Sossega, porque o crê daquela casta
Dos que um seu bom remédio corta e gasta.

Isto não o ignorou a malfeitora
Fortuna, e manda um susto que o demora: 110

---

[140] Orestes, filho de Agamêmnon e Clitemnestra, matou a mãe como punição por ela ter matado o marido, seu pai.

[141] Pílades é o grande amigo e companheiro de Orestes.

[142] Eneias, filho do herói troiano Anquises e da deusa Vênus é o herói da *Eneida* de Virgílio.

[143] Acates é o grande amigo e companheiro de aventuras de Eneias.

Foge ao remédio o tímido doente,
Um pretexto estudado, outro aparente
Faz esperar um dia e outro dia,
E o Tumor mais terrível se fazia.

A mortal inimiga[144] que, oculta   115
No lasso corpo, a Medicina insulta,
À Fortuna voou e ela se empenha
Em que a tímida Deusa[145] não detenha
O mesmo, que ela quer já pronto estrago:
Ela faz reconhecer o susto vago   120
Que do Caldas oprime a fantasia
E é para a cura destinado o dia.

General que está pronto a defender-se,
Quando sente de um lado acometer-se,
As máquinas dispõe, finge e engana,   125
Enche de fossos a campina plana,
Cobre-os de rama e terra, a vista mente,
Não se vê o perigo: a incauta gente
A que outra gente a acometer incita,
Quando cuida vencer, se precipita.   130

Falaz Doença rápida e ligeira
Quer enganar Martins de igual maneira:
Sobre o grande Tumor fingir procura
Ao tato uma aparência de brandura
Que engane por então ao destro Artista;[146]   135
Sobressaltando-o ao depois co'a vista

---

[144] A Doença.

[145] A Saúde.

[146] A medicina é concebida como uma arte, uma técnica.

De inimigo maior não esperado
E seja arrependido e magoado.

Conseguiu enganá-lo, pois consegue
Que tão pouco cuidado nisso empregue   140
Que sem mais duvidar intente a empresa;
Co'o mascado papel[147] a pele acesa
Muito menos sensível tem tornado,
Nem o doente vê susto a seu lado.

A danosa contrária,[148] então risonha   145
Se apronta a ver a incisão medonha,
Fartar-se de ais, gemidos e clamores:
Traz preparadas as pungentes dores
Que o enfermo rodeiem, traz o espanto
Para o amigo que empreendera tanto.   150

Chega o fatal aspérrimo momento,
Não foi sentido o golpe, nem violento:
Eis aqui quando o espanto se apodera
De Martins, que encontrou o que não crera:
Não fluida matéria, crassa e fria,   155
Pela rota cesura aparecia.

A sábia experiência e arte o ajudam,
Não tarda tempo algum que não lhe acudam:
Ela ilumina a mente e arma o braço.
Nada então o demora, em breve espaço   160

---

[147] Papel usado para anestesiar.

[148] A Doença.

Cortante bisturi na pele entranha
Que separa do corpo a massa estranha.

Então agudas dores, susto horrendo
Vai o cansado espírito revolvendo:
A vacilante vista em vão se esforça,   165
Nos moribundos olhos falta a força.
Muitos receiam que de todo ceda
Aquela animadora lavareda
Que pelo vivo corpo gira e vaga,
Já se vai esfriando, já se apaga.   170
Figura-se ao doente a mão mirrada
Da morte e a dura foice ver alçada.
A alma, que vai do corpo a separar-se,
Faz da passada vida então lembrar-se:
Põe-lhe o painel dos erros cometidos,   175
Faz-lhe temer como serão punidos;
Já desde o seu lugar aos beiços corre
E à suma piedade ela recorre.

Bom Duarte,[149] que veste o burel Santo,
Cheio de compaixão, cheio de espanto,   180
O esforça caridoso: Bom Duarte,
Tu deves ter entre os meus versos parte.
Tu o acompanhas sempre e, Adolfo amigo,
Devo os louvores repartir contigo.
Nem mais caso o doente faz da vida   185
Que a pouco e pouco vê diminuída;
Mas enquanto a seus olhos não se esconde
De todo a luz do Mundo, quer que o Conde[150]

---

[149] Provavelmente o capelão do palácio dos Vasconcelos.

[150] Calheta, Antônio de Vasconcelos.

E os dois amados Protetores[151] seus
Lhe deem último abraço, último adeus: 190
Benéfica saúde veloz desce,
Entra na Ilustre Casa e lhe aparece;
Vê-o já moribundo e quase exangue,
Faz que o destro Martins suspenda o sangue,
Que dos rasgados vasos gotejava,   195
E das dores a turba que o cercava
Ela fez que fugisse a inculta parte
E que fizesse os seus ofícios a Arte:
Põe freio à febre ardente e só permite
Que o mau humor a liquidar-se excite,   200
Que o digira apressado e sair faça
Pela parte em que esteve horrível massa.

O bom Conde se viu sobressaltado
Com o sucesso assim não esperado:
Esta a única vez, sempre lembrada,   205
Que contra o Caldas triste ele se enfada;
Julga que põe seu crédito em ruína
Esta violenta cura repentina
Em que se deve crer certo o perigo;
Acusa-o de imprudente e mais o amigo.[152]   210

Do terno coração a voz alçando
Falou aos que o estavam rodeando:
"O Mundo que dirá? Talvez que diga
Que já se me não dá de quem periga?
Que a vida de um humano estimo em pouco?   215

---

[151] Os dois irmãos mais novos do Conde, José e Luís de Vasconcelos.

[152] O Conde acusa tanto Caldas Barbosa quanto Martins pela arriscada cirurgia.

A Doença — Canto IV

Quando o erro é dum néscio e é dum louco[153]
Que o meu piedoso gênio não consultam
E quase de algum modo assim me insultam.
Ele não vê o Mundo, não tem visto
Que ainda menos muito menos disto   220
Me move a compaixão e me interessa,
Como será possível que lhe esqueça?
O Observador Constâncio[154] eu lhe chamara
Que tem do corpo humano a ideia clara;
Que sabe por que parte o sangue corre   225
Ensaiado nas veias do que morre:[155]
O Prudente Ferreira,[156] o Sábio Arvelos,[157]
Rodrigues[158] e outros mais, que só ao vê-los
Foge a doença tímida co'a morte
Que de seus ferros teme o útil corte.   230
Como se esquece disto este imprudente
E a sua vida entrega incautamente
A um só Cirurgião que eu não conheço;
Para mim qualquer vida não tem preço:
De que serve o dinheiro, de que mais,   235
Se ele não vale aos míseros mortais?

---

[153] Martins é "néscio", porque incompetente, e Caldas é "louco" por aceitar a intervenção de uma pessoa inexperiente.

[154] Manuel Constâncio (?-?), professor de anatomia e um dos criadores da disciplina de cirurgia na Universidade de Coimbra.

[155] Referência à introdução dos teatros anatômicos que estudam cadáveres humanos, que eram proibidos nas universidades portuguesas antes da Reforma empreendida pelo Marquês de Pombal.

[156] José Henriques Ferreira, bacharel em Medicina pela Universidade de Coimbra, autor de várias obras sobre saúde pública.

[157] Pedro de Arvelos Espínola, médico português da primeira metade do século XVIII, foi cirurgião da Casa Real.

[158] Figura ainda não identificada.

Todos conhecem bem que o meu dinheiro
É dos pobres e eu sou seu Tesoureiro."

Martins, que bem ouviu o aflito Conde,
Com respeitosa voz assim responde: 240
"Se o meu nome, Senhor, não gira e voa
Além e muito além da alta Lisboa,
É por disposição do avesso Fado,
Que eu tenho como os outros estudado:
Eu sei do corpo o todo, e parte e parte,   245
E tenho, como os mais, destreza e arte.
Falta-me um Protetor que a mão estenda
E erguer-me junto aos mais também empreenda.
Assim sucede àqueles nomeados
Que por ilustres mãos foram tirados   250
Da confusão de muitos que a desgraça
Mostrar raros talentos embaraça;
E que na turba mísera envolvidos
Têm os merecimentos confundidos.
Enganei-me, é verdade, a gente humana   255
Sujeita nasce aos erros e se engana,
E é erro afortunado o que segura
Do mal já visto a desejada cura:
Não: não temas, Senhor, não há perigo,
É salva a vida do estimado amigo: 260
Não me guia interesse, sim o afeto,
E o amigo fiel curar prometo.

"Tua insigne Piedade é conhecida:
Os pobres um ao outro se convida
Para escapar a lúgubres pesares   265
Vindo abrigar-se a teus ilustres lares:
Nem a miséria dilatar-se empreende
Onde a tua benigna mão se estende.

A Doença — Canto IV

Tu tratas meigamente a mil mendigos
Como teus Filhos, como teus amigos.   270
A agradecida voz eles alçando
Teu nome até o Céu vão remontando:
Mesmo a voz deste lânguido doente
Tenho ouvido entre os mais gostosamente
Mandar do Mundo à mais distante meta   275
O nome do Ilustríssimo Calheta."[159]

    O Conde então se ergueu como fugindo
Aos louvores que se iam repetindo,
Que faz tanto de graça os seus favores
Que nem aceita o preço dos louvores.   280

    Pasmai-vos, avarentos e vaidosos,
Que do cofre ou do fasto cuidadosos
Não há humano algum que vos importe,
Que tenha longa vida ou breve morte;
Senão são estes míseros mortais   285
De quem ricas heranças esperais:
Sejam das vossas almas os modelos
Os magnânimos pios Vasconcelos.

    A amizade, a saúde e arte
Rodeiam duma parte e doutra parte   290
Ao assustado Caldas: vai dispondo
Uma o ânimo, as outras vão compondo
Os turbados humores: a doença
Nas fuscas asas pelo ar suspensa
Se alonga mais e mais de junto ao leito.   295

---

[159] Possivelmente uma explicação dos versos 38-45 deste Canto IV, que mencionam o nome de Antônio de Vasconcelos sendo ouvido na América pelos versos de Caldas.

Entra a alegria a habitar no peito
Donde os sustos e dores o expulsaram
Que também co'a doença ao ar voaram.

Voz sonora outra vez sai da garganta
E ao som da doce Lira o Caldas canta
Nome dos Protetores e do amigo
Que o socorreram no maior perigo.[160]

Piedade dos Ilustres Protetores,
Tu és digna de altíssimos louvores:
Sábio e destro Martins, o Céu te ajude,
Tu seguras ao Caldas a saúde.

Amável Gratidão,[161] tu que influíste
Canto alegre depois de pranto triste
E estancaste os ais que eu derramara,
Dá-me um tom nunca ouvido e voz mais clara
Que a voz desse, que dizem que descendo[162]
Ao Reino de Plutão[163] escuro e horrendo
A roda de Ixião[164] fez que parasse

---

[160] Provável alusão metalinguística ao próprio texto de *A Doença*.

[161] Retomada da figura mitológica a quem o poema foi dedicado nos versos 19-32 do Canto I.

[162] Orfeu, inspirador de Caldas, poeta trácio mitológico, filho de Calíope, desceu aos Infernos para resgatar sua amada Eurídice, que havia morrido prematuramente.

[163] Plutão (ou Hades), irmão de Júpiter (ou Zeus), é o senhor das regiões infernais, onde estão as sombras dos mortais e onde os injustos são punidos.

[164] Íxion, nascido na Tessália, cometeu vários crimes (assassinou seu sogro, tentou violentar Juno, esposa de Júpiter) e por isso foi preso nos Infernos a uma roda que gira eternamente.

A Doença — Canto IV

E Sísifo[165] sem pedra descansasse
E no Tartáreo[166] berço da agonia
Fez que os raios se vissem da alegria.

315

Se a consigo, benévola virtude,
Então poderei, bem que inda não pude,
Descobrindo do Caldas grato o peito,
Mostrando ali o teu suave efeito,
Expor dos Vasconcelos o Elogio,
Que vou tecendo em bem urdido fio:
Desempenhar-me a mim, desempenhar-te,
E espero que me ajude engenho e arte. [167]

320

324

FIM

[165] Sísifo, rei de Corinto que enganou muitas pessoas, foi condenado a eternamente rolar morro acima uma pedra que sempre cai quando chega ao topo.

[166] O Tártaro é a região dos Infernos em que os criminosos são punidos.

[167] Alusão aos versos finais da segunda estrofe de Os Lusíadas, de Camões: "Cantando espalharei por toda a parte/ Se a tanto me ajudar o engenho e arte".

SINOPSE DO POEMA

Canto I

1-10 — Proposição, em que o autor explica os objetivos e o assunto de seu poema.

11-18 — Invocação, em que o poeta pede inspiração a Apolo para conseguir realizar a tarefa a que se propôs.

19-32 — Dedicatória, em que o autor oferece o poema à Gratidão.

33-66 — Caldas descreve a vida que tinha junto à família Vasconcelos e Sousa e seus alegres dias de então.

67-86 — A bonança de Caldas tem fim quando a Fortuna convoca os Vícios para persegui-lo.

87-314 — Concílio dos Vícios:

> 87-154 — Fala da Libertinagem, que aponta à deusa Fortuna as qualidades do Luxo, do Jogo, da Ira e da Soberba para a destruição dos homens.
>
> 155-198 — Fala da Fortuna, que expõe o fracasso em causar dano ao Caldas, protegido pelos Vasconcelos.
>
> 199-202 — Os Vícios demonstram medo diante da menção aos Vasconcelos.
>
> 203-304 — Fala da Doença que, após narrar diversos fatos envolvendo a história de Portugal e a família Vasconcelos e Sousa, se dispõe a perseguir Caldas.
>
> 305-314 — A Fortuna agradece e manda a Doença, por meio de um tumor, abreviar a vida do poeta.

Canto II

1-66 — Caldas conta o reconhecimento que teve como poeta e cantor diante das mais nobres famílias portuguesas: os Noronha, os Meneses, o rei D. José I, os marqueses de Angeja e Marialva, os Vale de Reis.

67-202 — A Doença começa a persegui-lo, primeiro por meio de uma febre. Caldas é tratado com sangrias por Beja, um médico de renome, que é providenciado por um nobre chamado Rodrigo (possivelmente Rodrigo de Sousa Coutinho). Quando Caldas se achava curado, surge um tumor em seu ombro.

203-236 — A Piedade se compadece de Caldas.

237-252 — Fala da Piedade, que pede ajuda à Saúde.

253-278 — A Saúde desce à terra, e Caldas se julga recuperado.

279-296 — Chega um amigo vindo da América. Após se confraternizarem, o moço pede que Caldas conte a história de sua vida após ter deixado o Brasil.

Canto III

1-235 — Relato de Caldas:

1-16 — Caldas conta sua chegada a Lisboa, à qual se seguiu uma série de infortúnios.

17-40 — Após se matricular na Universidade de Coimbra, morre seu pai.

41-56 — Caldas se vê pobre e desamparado.

57-82 — Em andanças pelo Norte de Portugal, Caldas se encontra pela primeira vez com os irmãos José e Luís de Vasconcelos e Sousa, que viajavam pela região.

83-92 — Caldas antevê a proteção junto aos irmãos e as benesses que pode conseguir deles.

93-128 — Em Lisboa, na miséria, ao ver as portas se fechando para ele, Caldas recorre a um artifício: finge que sua pobreza é uma forma de excentricidade. Com isso, consegue voltar a Coimbra e às rodas dos estudantes.

129-140 — Caldas conta que teve seu nome arcádico, Lereno, gravado em uma árvore junto à Fonte dos Amores, em Coimbra, e que o conde alemão Von Lippe, chefe do exército português, deu seu retrato a ele.

141-168 — Caldas conta seu sucesso nos salões literários e seus dotes de improvisador, mas pondera que a poesia não garantia riqueza ou reconhecimento em Portugal, citando os casos de Camões, Diogo Bernardes e Antônio Ferreira. Menciona como exceção Basílio da Gama, protegido do Marquês de Pombal.

169-234 — Com as férias e o êxodo dos estudantes, Caldas se vê novamente sem recursos em Coimbra. Vagando pela região do Mondego, encontra o monstro da Fome, até que um nobre, não nomeado, o salva da mendicância e o leva a Lisboa. Termina o relato ao amigo brasileiro, quando Caldas desmaia.

235-258 — Após o poeta se recuperar, o amigo conta a Caldas sobre as próprias viagens, pela América do Sul (Uruguai, o Estreito de Magalhães, os nativos da Patagônia) e pela Europa (França, Roma, os Alpes e Pireneus, os castelhanos).

259-310 — Caldas relata ao amigo a história dos ancestrais dos Vasconcelos, e fala da proteção que obteve desta família contra as investidas da Fortuna.

Canto IV

1-60 — O amigo é finalmente nomeado: Adolfo. Caldas e Adolfo relembram outro poeta brasileiro, de nome Filipe, e fazem o elogio de Antônio José de Vasconcelos e Sousa, o Conde da Calheta. Caldas celebra sua proteção.

61-98 — Caldas narra como, guiado pela Saúde, estreita a amizade com um jovem médico de nome Martins. O poeta compara a afeição entre ambos às grandes amizades da Antiguidade: Castor e Pólux, Pirítoo e Teseu, Orestes e Pílades, Eneias e Acates.

99-108 — Martins, ao abraçar Caldas, descobre o tumor no ombro do amigo.

109-190 — Inicialmente Caldas foge ao tratamento, pois a Doença disfarça a gravidade do tumor. Com a piora de sua saúde, Caldas é operado por Martins, e quase morre devido a uma hemorragia.

191-238 — Graças à destreza de Martins, Caldas acaba se salvando, mas seu protetor, o Conde, repreende o poeta por ter se arriscado numa operação com um médico tão jovem e inexperiente, e por não ter recorrido a seus préstimos, que lhe garantiria o socorro de cirurgiões famosos como Manuel Constâncio, José Henriques Ferreira e Pedro de Arvelos Espínola.

239-276 — Martins se defende, dizendo que não tinha renome não por falta de habilidade, mas por não ter conseguido um protetor, e elogia a benemerência do Conde.

277-324 — Caldas encerra o poema registrando sua recuperação e fazendo o elogio aos Vasconcelos, ao amigo Martins e à Gratidão.

SOBRE O AUTOR

Domingos Caldas Barbosa nasceu no Rio de Janeiro em 1740 (possivelmente no dia de São Domingos, 4 de agosto), filho de um alto funcionário português, Antônio de Caldas Barbosa, e de uma escrava africana, Antônia de Jesus. Veio ao mundo logo que seus pais chegaram ao Brasil, vindos de Angola, e sua mãe foi alforriada para que ele nascesse livre. Estudou no Colégio dos Jesuítas, no Morro do Castelo, entre 1752 e 1757.

No ano seguinte ingressa no Exército brasileiro, e em 1761 é enviado à Colônia de Sacramento, território então em litígio entre as Coroas portuguesa e espanhola. Com a perda da colônia para as forças espanholas, volta ao Rio de Janeiro e dá andamento ao projeto de ingressar no curso de Direito da Universidade de Coimbra.

Embarca para Lisboa em 1763, conseguindo a matrícula em Coimbra, mas já no ano seguinte, com o falecimento do pai, se vê só e sem recursos e é obrigado a abandonar a universidade. Com seu talento de poeta, improvisador e tocador de viola, que unia de forma inédita a cultura poético-musical portuguesa e os ritmos africanos, Caldas vai ganhando fama nos saraus literários frequentados pelos estudantes de Coimbra e nobres portugueses. Com o favor deles, consegue se manter, ainda que de forma extremamente precária, viajando entre o Norte de Portugal e a cidade de Lisboa durante a década de 1760. Nesta época, conhece os irmãos José e Luís de Vasconcelos e Sousa, membros de uma família ilustre que vai acolher o mulato brasileiro e patrocinar sua carreira literária. Luís ocuparia o cargo de Vice-Rei do Brasil entre 1778 e 1790.

No início da década de 1770 passa a morar no palácio dos Condes da Calheta, na capital portuguesa, residência do irmão mais velho de José e Luís, Antônio de Vasconcelos e Sousa. Em 1775 publica dois opúsculos com poemas celebrando a inauguração da estátua equestre do rei D. José I, e em 1776, uma *Recopilação dos principais sucessos da história sagrada em verso*, que teria novas edições em 1792, 1793, 1819 e 1895. Passa então a adotar o nome de Lereno Selinuntino, "da Arcádia de Roma", com o qual assina o poema autobiográfico *A Doença*, com quatro cantos e 1.244 versos, publicado pela Imprensa Régia em 1777 — mesmo ano em que morre o rei D. José, é destituído o Marquês de Pombal e assume o trono D. Maria I. Muda-se para o Palácio de Pombeiro — que passa a ser a residência de José de Vasconcelos e Sousa após o casamento deste com Maria Rita de Castelo Branco Correia e Cunha, Condessa de Pombeiro, em 1783 —, e consegue em 1787, por decreto da rainha, o cargo de beneficiado da Igreja de São José, em Terena, que lhe garantiu o sustento financeiro que almejava. Em 1790 participa da fundação da Nova Arcádia, que passou a reunir os principais literatos portugueses, como Bocage e José Agostinho de Macedo. Boa parte da produção da academia, incluindo diversos poemas de Caldas, foi registrada no *Almanak das Musas*, publicado em quatro tomos em 1793. Ainda na década de 1790 passa a escrever entremeses e comédias que são encenados nos teatros de Lisboa, como *Os viajantes ditosos* (1790), *O remédio é casar* (1793), *A vingança da cigana* (1794) e *A escola dos ciosos* (1795). Em 1798 publica sua obra mais conhecida, *Viola de Lereno*, em que reúne os poemas que compunham as letras de suas modinhas e seus lundus, sem as partituras, obra que teve diversas reedições no século XIX. Faleceu no Palácio de Pombeiro em 9 de novembro de 1800.

SOBRE OS ORGANIZADORES

Lúcia Helena Costigan nasceu no estado de Mato Grosso. Após formar-se em Letras Modernas pela Universidade Federal de Goiás, obteve bolsa da Organização dos Estados Americanos (OEA) para fazer pós-graduação nos Estados Unidos, realizando seus estudos de mestrado no Boston College. Após prestar concurso e lecionar na Universidade Federal de Mato Grosso por três anos, retorna aos Estados Unidos e obtém o doutorado pela Universidade de Pittsburgh. Em 1989 ingressa como professora e pesquisadora em Estudos Luso-Brasileiros e Latino-Americanos na Ohio State University, sendo atualmente professora titular do Departamento de Espanhol e Português dessa instituição. Publicou artigos em revistas acadêmicas como *Afro-Hispanic Review*, *Revista de Crítica Literaria Latinoamericana*, *Colonial Latin American Review* e *Revista Iberoamericana*, organizou os volumes *Crítica y descolonización* (com Beatriz González Stephan, Academia Nacional de la Historia, 1992), *Diálogos da conversão: missionários, índios, negros e judeus no contexto ibero-americano do período barroco* (Editora da Unicamp, 2005) e *Silviano Santiago y los Estudios Latinoamericanos* (com Denilson Lopes, University of Pittsburgh, 2015), além de ser autora dos livros *A sátira e o intellectual criollo na colônia: Gregório de Matos e Juan del Valle y Caviedes* (Latinoamericana, 1991) e *Through Cracks in the Wall: Modern Inquisitions and Letrados New Christians in the Iberian Atlantic World* (Brill, 2010).

Fernando Morato é natural de Campinas, SP. Graduou-se em Letras e Linguística pela Unicamp, onde obteve o título de Mestre em Teoria e História Literária em 2013. Atuou como professor de Literatura, Filosofia e Linguagem Audiovisual, além de desenvolver pesquisas sobre as literaturas portuguesa e brasileira do século XVIII, trabalho que resultou na organização do livro *Obras poéticas de Silva Alvarenga: Poemas líricos, Glaura, O Desertor* (Martins Fontes, 2005). Atualmente faz seu doutorado na Ohio State University, aprofundando seus estudos sobre a obra de Manuel Inácio da Silva Alvarenga e os significados da literatura neoclássica de perfil árcade no universo cultural do império luso-brasileiro.

Este livro foi composto em Sabon,
pela Bracher & Malta, com CTP da
New Print e impressão da Graphium
em papel Pólen Soft 80 g/m² da Cia.
Suzano de Papel e Celulose para a
Editora 34, em julho de 2018.